BESTACTIVITYBOOKS.COM

ERSTE AUSGABE - Veröffentlicht 2022

Extra Grafikmaterial von: www.freepik.com
Dank an: Alekksall, Starline, Pch.vector, Rawpixel.com, Vectorpocket, Dgim-studio, Upklyak, Macrovector, Stockgiu, Pikisuperstar & Freepik.com Designers

5 TIPPS FÜR DEN ANFANG!

1) LÖSUNG DER RÄTSEL

Die Puzzles haben ein klassisches Format :

- Die Wörter sind ohne Abstand, Bindetrich usw... versteckt
- Richtung : vor-& rückwärts, auf & ab oder in der Diagonale (beider Richtungen)
- Die Wörter können übereinanderliegen oder sich kreuzen

2) AKTIVES LERNEN

Neben jedem Wort ist ein Abstand vorgesehen zum Aufschreiben der Übersetzung. Um ihre Kenntnisse zu überprüfen und zu erweitern befindet sich am Ende des Buches ein **WÖRTERBUCH**. Suchen sie die Übersetzungen, schreiben sie sie auf, dann können sie sie in den. Puzzles suchen und ihrem Wortschatz hinzufügen.

3) ANZEICHNUNG DER WÖRTER

Haben sie schon einmal versucht eine Anzeichnung zu verwenden? Sie könnten zum Beispiel die Wörter, die schwer zu finden sind, ankreuzen, die Wörter, die sie lieben, mit einem Stern, neue Wörter mit einem Dreieck, seltene Wörter mit einem Diamant usw ... anzeichnen

4) IHR LERNEN ORGANISIEREN

Am Ende dieser Ausgabe bieten wir auch ein praktisches **NOTIZBUCH** an. Ob im Urlaub, auf Reisen oder zu Hause, sie können ihr neues Wissen ganz einfach organisieren, ohne ein zweites Notizbuch zu benötigen!

5) SIND SIE AM SCHLUSS ?

Gehen sie zum Bonusbereich : **MONSTER-HERAUSFÖRDERUNG,** um ein kostenloses Spiel zu finden, das am Ende dieser Ausgabe angeboten wird !

Lust auf mehr Spaß und **Lernaktivitäten**? **Schnell und einfach :** eine ganze Spielbuchsammlung mit einem einzigen Klick erhaltbar :

Mit diesem Link finden sie ihre nächste Herausforderung :

BestActivityBooks.com/MeineNachsteWortsuche

Achtung, fertig, ... Los !!

Wussten sie, dass es auf der Welt ungefähr 7.000 verschiedene Sprachen gibt ? Wörter sind kostbar.

Wie lieben Sprachen und haben schwer daran gearbeitet, die Bücher von höchster Qualität für sie zu entwerfen. Unsere Zutaten ?

Eine Auswahl von angepassten Lernthemen, drei große Scheiben Spaß, dann fügen wir einen Löffel schwieriger Wörter und eine Prise seltener Wörter hinzu. Wir servieren sie mit Sorgfalt und ein Maximum an Freude, damit sie die besten Wortspiele lösen und Spaß am Lernen haben.

Ihre Meinung ist wichtig. Sie können aktiv zum Erfolg dieses Buches beitragen, indem sie uns eine Bemerkung hinterlassen. Sagen sie uns, was ihnen an dieser Ausgabe am besten gefallen hat !!

Hier ist ein kurzer Link, der sie zu ihrer Bewertungsseite führt

<u>**BestBooksActivity.com/Rezension50**</u>

Vielen Dank für ihre Hilfe und viel Spaß

Linguas Classics

1 - Gesundheit und Wellness #2

O	S	Z	E	B	T	S	G	Z	M	A	S	W	A
R	W	T	B	O	L	E	S	T	N	N	P	B	L
A	U	Z	R	G	T	I	T	E	P	A	O	F	E
K	F	C	A	E	R	N	J	R	P	T	R	Y	R
I	S	D	J	M	S	F	N	R	C	O	T	S	G
T	E	Ž	I	N	A	E	I	V	L	M	S	A	I
E	G	M	G	W	T	K	M	W	H	I	K	J	J
N	V	I	R	F	E	C	A	A	M	J	I	I	A
E	V	E	E	N	J	I	T	S	S	A	K	R	V
G	I	F	N	E	I	J	I	F	O	A	O	O	A
V	H	B	E	U	D	A	V	S	T	L	Ž	L	R
S	P	A	V	A	T	I	C	I	Z	I	R	A	D
H	I	G	I	J	E	N	A	U	D	S	S	K	Z
B	O	L	N	I	C	A	E	G	O	P	G	N	C

ALERGIJA
ANATOMIJA
APETIT
KRV
DIJETA
ENERGIJA
GENETIKA
ZDRAV
TEŽINA
HIGIJENA
INFEKCIJA
KALORIJA
BOLNICA
BOLEST
MASAŽA
RIZICI
SPAVATI
SPORTSKI
STRES
VITAMIN

2 - Ozean

E	G	O	B	N	J	U	E	H	R	L	Đ	H	Y
T	S	L	O	S	D	U	E	Y	E	W	N	O	V
J	E	U	S	N	P	T	A	A	R	J	A	B	A
P	E	J	E	P	I	U	I	S	F	E	Y	O	L
K	K	A	R	O	U	T	U	N	A	J	K	T	O
K	I	M	I	A	N	Ž	L	L	B	Z	A	N	V
O	T	T	P	N	C	W	V	K	I	M	M	I	I
R	C	P	R	I	B	A	Z	A	J	R	E	C	G
A	W	Š	B	B	E	E	M	I	L	P	N	A	R
L	G	K	K	O	R	N	J	A	Č	A	I	Z	E
J	I	A	J	L	U	G	E	J	Č	C	C	U	B
A	G	M	V	S	A	W	W	A	I	T	A	D	E
P	C	P	M	O	R	S	K	I	P	A	S	E	N
J	N	I	P	U	D	J	C	Z	W	A	S	M	B

JEGULJA
KAMENICA
ČAMAC
DUPIN
RIBA
ŠKAMPI
PLIME
MORSKI PAS
KORALJA
RAK
HOBOTNICA
MEDUZA
GREBEN
SOL
KORNJAČA
SPUŽVA
OLUJA
TUNA
KIT
VALOVI

3 - Meditation

G	L	U	S	A	M	F	Đ	L	R	B	S	P	L
M	L	M	J	A	I	L	F	Z	C	U	R	E	J
J	D	A	V	N	S	P	A	T	W	P	E	R	U
M	K	Ć	Z	O	L	I	R	I	M	E	Ć	S	B
D	L	O	J	B	I	G	T	Š	N	S	A	P	A
E	J	N	A	Ć	A	V	H	I	R	P	D	E	Z
S	Y	S	M	S	F	Z	K	N	Č	Y	O	K	N
U	E	A	M	I	B	G	U	A	V	U	R	T	O
A	I	J	Y	E	R	B	U	D	A	N	I	I	S
M	S	Y	O	N	L	A	T	N	E	M	R	V	T
U	Č	E	N	J	A	J	N	Ž	A	P	P	A	B
P	Z	A	H	V	A	L	N	O	S	T	G	P	C
S	U	O	S	J	E	Ć	A	N	J	E	M	W	Đ
Z	A	P	P	O	K	R	E	T	M	R	R	Đ	J

PRIHVAĆANJE
PAŽNJA
POKRET
ZAHVALNOST
LJUBAZNOST
MIR
MISLI
MENTALNO
SREĆA
JASNOĆA
UČENJA
UČITI
SUOSJEĆANJE
GLAZBA
PRIRODA
PERSPEKTIVA
MIRAN
TIŠINA
UM
BUDAN

4 - Insekten

F	Z	S	J	S	M	U	Z	V	A	R	M	F	O
L	S	K	J	O	W	J	R	I	R	R	Y	C	A
E	G	A	B	M	T	R	K	L	Y	C	P	V	A
P	L	K	M	U	C	S	L	I	A	K	S	R	I
T	I	A	I	T	H	E	A	N	H	E	T	Č	I
I	S	V	B	C	Y	A	R	K	Y	Đ	R	A	M
R	N	A	M	U	S	A	V	O	R	N	Š	K	O
R	E	C	W	K	B	N	A	N	R	D	L	K	L
R	U	E	O	O	F	A	E	J	Đ	M	J	R	J
Đ	Š	P	N	M	N	M	T	I	M	R	E	T	A
T	I	C	Y	A	O	S	A	C	G	Đ	N	H	C
I	D	M	N	R	B	U	B	A	M	A	R	A	T
U	W	Y	H	A	W	W	T	G	Ž	O	H	A	R
P	K	Z	G	C	P	Č	E	L	A	O	T	Y	N

MRAV
PČELA
LISNE UŠI
BUHA
SKAKAVAC
STRŠLJEN
ŽOHAR
BUBA
LARVA
VILIN KONJIC
BUBAMARA
MOLJAC
KOMARAC
LEPTIR
TERMIT
OSA
CRV
CVRČAK

5 - Gesundheit und Wellness #1

V	V	I	R	U	S	K	L	W	R	F	K	U	Đ
P	I	U	E	S	K	E	L	F	E	R	O	T	L
R	M	S	J	O	N	J	A	I	J	S	S	K	I
G	N	G	I	A	K	I	V	A	N	P	T	O	J
D	V	A	R	N	H	L	P	K	E	I	I	Ž	E
L	O	M	E	A	A	H	K	Đ	Č	C	K	A	Č
T	B	B	T	V	C	L	F	M	E	V	V	A	N
J	Đ	Z	K	I	C	E	S	G	J	I	K	L	I
E	J	N	A	T	Š	U	P	O	I	Ž	I	I	K
V	H	B	B	K	P	B	L	R	L	N	L	I	K
G	W	C	J	A	D	O	Z	L	J	E	D	A	B
T	E	R	A	P	I	J	A	G	L	A	D	C	E
M	E	D	I	C	I	N	S	K	I	F	B	D	T
L	J	E	K	A	R	N	A	I	M	C	E	I	Đ

AKTIVAN
LJEKARNA
LIJEČNIK
BAKTERIJE
LIJEČENJE
OPUŠTANJE
LOM
NAVIKA
KOŽA
VISINA

GLAD
KLINIKA
KOSTI
LIJEK
MEDICINSKI
ŽIVCI
REFLEKS
TERAPIJA
OZLJEDA
VIRUS

6 - Obst

T	H	Đ	W	J	Y	K	R	U	Š	K	A	J	M
B	E	A	T	S	E	N	A	O	G	G	D	A	A
S	M	G	R	E	J	P	T	Đ	K	R	I	B	R
D	T	Y	A	J	N	Š	E	R	T	T	N	U	E
K	V	G	K	N	U	M	I	L	G	S	J	K	L
T	N	B	K	C	A	N	I	L	A	M	A	A	I
T	O	F	R	P	G	N	C	D	N	T	V	J	C
N	D	R	D	E	B	S	A	S	I	B	I	A	A
V	A	H	P	K	S	O	B	S	P	O	J	P	V
S	K	R	A	P	O	K	I	C	U	B	L	A	J
Đ	O	J	A	M	R	O	V	K	K	I	Š	P	D
N	V	T	H	N	V	K	I	A	Z	C	E	L	Y
J	A	K	R	S	Č	N	K	R	R	A	H	C	M
G	R	O	Ž	Đ	E	A	B	A	N	A	N	A	N

ANANAS
JABUKA
MARELICA
AVOKADO
BANANA
BOBICA
KRUŠKA
KUPINA
GREJP
MALINA
TREŠNJA
KIVI
KOKOS
DINJA
NARANČA
PAPAJA
BRESKVA
ŠLJIVA
GROŽĐE
LIMUN

7 - Universum

E	Z	C	H	V	E	M	L	Đ	I	E	G	D	A
J	K	E	O	N	Đ	J	G	U	Y	L	V	O	S
Z	Đ	V	G	Z	V	E	A	N	I	R	I	Š	T
T	F	C	A	H	O	S	L	H	K	S	J	A	R
G	E	O	T	T	U	E	A	E	Č	O	L	S	O
S	V	L	U	D	O	C	K	M	I	L	D	T	N
A	U	G	E	O	V	R	S	I	M	S	I	R	O
N	L	W	U	S	P	L	I	S	Z	T	V	O	M
I	E	Z	K	D	K	D	J	F	O	I	C	N	I
Ž	H	B	G	T	S	O	A	E	K	C	N	O	J
U	H	R	O	L	V	W	P	R	P	I	O	M	A
D	O	R	B	I	T	A	M	A	T	J	W	D	A
A	T	M	O	S	F	E	R	A	F	M	E	D	N
H	O	R	I	Z	O	N	T	Y	P	M	K	V	Y

ASTRONOM
ASTRONOMIJA
ATMOSFERA
EON
EKVATOR
ŠIRINA
TAMA
GALAKSIJA
HEMISFERA
NEBO
HORIZONT
KOZMIČKI
DUŽINA
MJESEC
ORBITA
VIDLJIV
SOLSTICIJ
TELESKOP

8 - Camping

K	L	I	I	D	F	Ž	L	T	K	V	U	M	J
A	R	T	A	V	E	I	I	E	Ž	U	B	N	P
R	I	Š	E	Š	N	V	Z	K	H	Z	K	P	I
T	K	K	I	C	J	O	L	I	V	A	M	A	B
A	Z	A	C	A	E	T	H	P	T	B	L	Ć	C
G	D	P	N	R	R	I	W	L	C	A	O	E	E
O	D	F	J	U	O	N	P	A	A	V	V	S	S
K	W	D	I	T	T	J	B	N	R	A	J	I	E
L	O	L	N	N	A	E	O	I	A	D	Š	V	J
B	Z	M	F	A	Š	B	A	N	J	O	U	N	M
L	R	W	P	V	B	M	B	A	C	R	M	H	J
C	H	V	D	A	N	I	B	A	K	I	A	D	F
T	W	Đ	Y	D	S	W	K	V	S	R	G	H	L
I	D	J	E	Z	E	R	O	N	M	P	N	V	E

AVANTURA
PLANINA
VATRA
VISEĆA
ŠEŠIR
KUKAC
LOV
KABINA
KANU
KARTA
KOMPAS
FENJER
MJESEC
PRIRODA
JEZERO
UŽE
ZABAVA
ŽIVOTINJE
ŠUMA
ŠATOR

9 - Zeit

U	Y	T	L	P	Đ	K	V	D	L	S	Z	D	O
N	D	A	Z	I	N	U	S	C	F	R	N	E	F
K	J	K	W	F	F	A	T	U	N	I	M	S	E
Đ	I	T	H	L	B	C	O	J	T	A	W	E	N
A	Z	S	A	D	A	J	L	K	O	D	D	T	O
F	R	H	L	S	W	E	J	I	R	P	G	L	R
T	J	E	D	A	N	D	E	N	D	O	P	J	T
M	J	E	S	E	C	T	Ć	O	N	B	Đ	E	U
C	N	M	R	Y	O	W	E	G	C	U	C	Ć	J
G	O	D	I	Š	N	J	I	T	O	P	T	E	U
E	K	A	L	E	N	D	A	R	Đ	D	F	I	Č
C	A	G	F	F	Z	R	A	N	O	D	I	H	E
U	N	D	A	N	A	S	P	E	Đ	I	L	N	R
O	E	B	U	D	U	Ć	N	O	S	T	Z	K	A

RANO
JUČER
DANAS
GODINA
STOLJEĆE
DESETLJEĆE
GODIŠNJI
SADA
KALENDAR
MINUTA
PODNE
MJESEC
JUTRO
NAKON
NOĆ
DAN
SAT
PRIJE
TJEDAN
BUDUĆNOST

10 - Säugetiere

E	I	G	G	W	P	D	B	D	L	T	Ž	W	C
E	C	V	O	N	N	R	U	V	Đ	V	I	A	U
F	L	R	R	O	K	A	T	Š	M	P	R	L	Đ
P	K	A	I	L	U	B	R	I	Y	A	A	R	V
T	S	W	L	S	V	A	B	I	K	N	F	Z	W
G	I	N	A	Y	W	D	Z	J	H	T	A	Y	K
L	C	G	O	E	B	N	M	P	B	E	R	L	O
I	V	K	A	S	J	Y	D	A	N	R	B	A	J
S	K	L	T	R	I	P	A	S	J	A	E	V	O
I	U	O	K	K	A	T	I	K	G	M	Z	B	T
C	O	K	R	I	B	F	I	O	K	N	U	O	V
A	K	A	A	O	Z	J	E	T	M	V	F	N	J
N	J	N	O	K	F	A	U	Y	C	D	I	L	W
W	T	Đ	L	B	Z	Y	C	W	S	S	Đ	O	Đ

MAJMUN
SNOSITI
DABAR
SLON
LISICA
ŽIRAFA
GORILA
PAS
KLOKAN
KOJOT
LAV
PANTERA
KONJ
ŠTAKOR
OVCE
BIK
TIGAR
KIT
VUK
ZEBRA

11 - Algebra

M	R	F	B	E	O	Z	L	J	R	Đ	A	A	B
A	J	R	E	K	D	L	W	V	U	L	N	S	F
T	E	A	S	S	U	F	P	G	W	I	I	T	O
R	Š	K	K	P	Z	N	H	I	D	R	Č	I	R
I	E	C	O	O	I	T	I	Š	E	J	I	R	M
C	N	I	N	N	M	A	M	W	J	H	L	D	U
A	J	J	A	E	A	L	A	Ž	N	O	O	T	L
H	E	A	Č	N	N	F	R	J	N	Đ	K	G	A
F	J	J	N	T	J	M	G	V	J	M	N	R	M
B	A	R	O	S	E	J	A	N	U	L	A	U	U
R	V	K	K	B	S	M	J	L	G	W	K	O	S
O	C	T	T	T	U	L	I	N	E	A	R	N	I
J	S	K	Y	O	C	C	D	J	J	A	E	D	U
A	P	U	R	Y	R	G	R	A	F	I	K	O	N

FRAKCIJA
DIJAGRAM
EKSPONENT
FAKTOR
LAŽNO
FORMULA
GRAFIKON
LINEARNI
RIJEŠITI
RJEŠENJE
MATRICA
KOLIČINA
NULA
BROJ
ODUZIMANJE
SUMA
BESKONAČNO

12 - Diplomatie

N	G	P	I	S	S	T	R	A	N	I	H	R	P
T	S	O	N	R	U	G	I	S	P	A	U	A	O
G	M	O	T	F	S	K	E	A	G	M	M	S	L
A	U	D	E	R	L	Y	O	K	R	B	A	P	I
J	P	L	G	Z	U	U	F	B	A	A	N	R	T
N	R	U	R	A	G	D	Đ	E	Đ	S	I	A	I
D	A	K	I	C	O	R	F	E	A	A	T	V	K
A	V	A	T	I	V	J	J	U	N	D	A	A	A
R	D	T	E	N	O	R	E	E	I	O	R	D	P
U	A	N	T	D	R	V	L	Z	Š	R	N	A	P
S	A	V	J	E	T	N	I	K	I	E	I	L	H
N	K	W	J	J	J	G	E	U	T	C	N	V	M
I	K	S	T	A	M	O	L	P	I	D	I	J	B
P	J	K	P	Z	J	E	T	I	K	A	B	Đ	E

ODLUKA
STRANI
SAVJETNIK
AMBASADOR
GRAĐANI
DIPLOMATSKI
RASPRAVA
ETIKA
ZAJEDNICA
PRAVDA
HUMANITARNI
INTEGRITET
SUKOB
RJEŠENJE
POLITIKA
VLADA
SIGURNOST
JEZICI
UGOVOR
SURADNJA

13 - Astronomie

N	L	W	N	S	M	Z	R	L	R	B	W	M	I
U	T	K	A	V	P	V	V	B	H	W	D	E	A
O	F	F	V	E	K	A	J	I	D	O	Z	T	Z
S	J	Z	O	M	M	A	O	A	J	L	M	E	Z
Z	W	S	N	I	G	T	T	T	R	E	P	O	Z
A	D	N	R	R	S	U	G	E	B	M	Z	R	V
Z	V	J	E	Z	D	A	R	N	I	C	A	D	S
M	T	K	P	I	T	N	D	A	V	E	T	P	A
A	E	O	U	Y	C	O	O	L	J	S	E	A	Y
G	C	Z	S	T	E	R	B	P	D	E	K	P	C
L	H	M	R	S	Z	T	V	E	K	J	A	W	Y
I	U	O	Y	K	V	S	R	I	N	M	R	I	G
C	V	S	W	G	L	A	S	A	T	E	L	I	T
A	A	S	T	E	R	O	I	D	K	O	M	E	T

ASTEROID
ASTRONAUT
ZEMLJA
NEBO
KOMET
KOZMOS
METEOR
MJESEC
MAGLICA
ZVJEZDARNICA
PLANETA
RAKETA
SATELIT
ZVIJEZDA
SUPERNOVA
ZODIJAK
SVEMIR

14 - Ballett

A	T	S	E	G	T	E	H	N	I	K	A	B	E
K	P	V	U	G	F	A	Z	F	C	K	V	A	J
I	O	V	J	E	Š	T	I	N	A	T	L	T	H
L	M	R	C	T	E	T	I	Z	N	E	T	N	I
B	I	P	E	D	N	A	Z	O	I	C	A	R	G
U	Š	L	R	O	L	R	O	L	R	I	Đ	Z	O
P	I	J	I	U	G	R	U	O	E	F	Z	C	R
D	Ć	E	T	U	H	R	N	S	L	I	T	S	K
H	I	S	A	N	A	J	A	Ž	A	R	Z	I	E
F	A	A	M	L	L	U	L	F	B	L	F	C	S
R	F	K	P	R	O	B	A	C	I	Z	D	O	T
U	M	J	E	T	N	I	Č	K	I	J	Y	J	A
S	K	L	A	D	A	T	E	L	J	Y	A	T	R
P	L	E	S	A	Č	I	I	G	L	A	Z	B	A

GRACIOZAN
PLJESAK
IZRAŽAJAN
BALERINA
KOREOGRAFIJA
VJEŠTINA
GESTA
INTENZITET
SKLADATELJ
UMJETNIČKI
GLAZBA
MIŠIĆI
ORKESTAR
PROBA
PUBLIKA
RITAM
SOLO
STIL
PLESAČI
TEHNIKA

15 - Geologie

H	C	J	M	R	P	Đ	N	F	M	V	K	R	K
G	R	P	K	I	Y	G	P	O	R	E	O	A	A
H	E	N	V	W	N	V	W	S	E	P	N	S	L
S	G	Đ	U	F	J	E	C	I	I	J	T	T	C
E	T	S	L	O	S	K	R	L	O	S	I	O	I
R	N	A	K	L	U	V	D	A	V	N	N	P	J
T	E	J	L	B	K	A	G	L	L	S	E	L	T
O	M	L	F	A	B	R	S	E	Y	I	N	J	P
P	A	A	F	L	G	C	C	O	J	D	T	E	L
Đ	K	R	S	E	Đ	M	E	L	R	Z	R	N	A
W	Y	O	E	Đ	A	N	I	L	E	S	I	K	T
B	M	K	L	A	V	A	H	T	I	N	I	R	O
K	A	V	E	R	N	A	A	J	I	Z	O	R	E
M	S	T	A	L	A	K	T	I	T	Z	O	N	A

POTRES
EROZIJA
FOSIL
RASTOPLJEN
GEJZIR
KAVERNA
KALCIJ
KONTINENT
KORALJA
LAVA
MINERALI
PLATO
KVARC
SOL
KISELINA
STALAGMITI
STALAKTIT
KAMEN
VULKAN
ZONA

16 - Wissenschaft

L	H	Đ	A	J	I	C	U	L	O	V	E	K	G
F	A	I	P	Z	Z	K	P	B	R	Č	K	E	R
O	E	B	P	O	J	Đ	A	I	G	E	T	M	A
S	L	M	O	O	D	Đ	E	L	A	S	Č	I	V
I	U	R	A	R	T	A	D	J	N	T	I	J	I
L	K	H	D	K	A	E	C	E	I	I	N	S	T
M	E	T	O	D	A	T	Z	I	Z	C	J	K	A
O	L	Đ	R	R	F	P	O	A	A	E	E	I	C
T	O	P	I	O	G	Đ	K	R	M	D	N	P	I
A	M	N	R	M	C	I	A	K	I	Z	I	F	J
Z	T	A	P	K	L	I	M	A	K	J	C	W	A
M	I	N	E	R	A	L	I	A	F	Y	A	P	Đ
E	K	S	P	E	R	I	M	E	N	T	P	D	T
Z	N	A	N	S	T	V	E	N	I	K	D	W	V

ATOM
KEMIJSKI
PODACI
EVOLUCIJA
EKSPERIMENT
FOSIL
HIPOTEZA
KLIMA
LABORATORIJ
METODA

MINERALI
MOLEKULE
PRIRODA
ORGANIZAM
ČESTICE
BILJE
FIZIKA
GRAVITACIJA
ČINJENICA
ZNANSTVENIK

17 - Bildende Kunst

H	V	P	S	W	C	U	B	P	U	O	C	N	Z
O	O	N	O	T	V	T	C	O	M	L	I	F	U
L	S	A	Y	R	A	C	D	H	J	L	A	K	U
E	A	P	B	I	T	L	M	M	E	K	K	J	G
J	K	I	L	J	L	R	A	U	T	R	V	F	L
D	N	S	Y	C	V	A	E	K	N	E	O	M	J
K	E	R	A	M	I	K	A	T	I	D	L	A	E
E	G	L	G	K	U	I	Z	D	K	A	O	T	N
M	E	L	S	K	U	L	P	T	U	R	A	R	O
E	G	A	I	S	R	S	Y	K	S	Đ	G	I	J
R	T	S	O	N	V	I	T	A	E	R	K	C	P
F	J	N	Đ	I	A	S	A	S	T	A	V	A	S
P	E	R	S	P	E	K	T	I	V	A	Z	I	J
A	R	H	I	T	E	K	T	U	R	A	E	Đ	B

ARHITEKTURA
OLOVKA
FILM
SLIKA
UGLJEN
KERAMIKA
KREATIVNOST
KREDA
UMJETNIK
LAK
REMEK-DJELO
PERSPEKTIVA
PORTRET
MATRICA
SKULPTURA
STALAK
GLINA
VOSAK
SASTAV

18 - Sport

D	P	W	I	R	Đ	E	O	K	C	B	P	P	S
D	N	R	E	G	C	F	M	O	S	E	L	O	T
Đ	Y	Đ	V	W	C	L	S	Š	T	J	I	B	H
D	U	Đ	J	E	K	O	H	A	A	Z	V	J	M
S	U	D	A	C	N	G	J	R	D	B	A	E	Đ
G	S	W	R	V	F	S	I	K	I	O	T	D	B
I	P	Đ	G	R	T	F	T	A	O	L	I	N	I
M	O	U	I	B	M	R	I	V	N	S	H	I	C
N	R	T	E	N	I	S	E	G	O	T	Y	K	I
A	T	W	F	K	T	G	C	N	R	K	H	E	K
Z	A	M	P	O	K	R	E	T	E	A	G	L	L
I	Š	B	Y	M	I	J	D	Y	I	R	Č	H	Y
J	P	G	I	M	N	A	S	T	I	K	A	J	E
A	M	Z	J	G	S	M	F	T	C	Đ	P	T	G

SPORTAŠ
BEJZBOL
KOŠARKA
POKRET
HOKEJ
BICIKL
POBJEDNIK
GOLF
GIMNAZIJA
GIMNASTIKA
TIM
PRVENSTVO
SUDAC
PLIVATI
IGRA
IGRAČ
STADION
TENIS
TRENER

19 - Mythologie

L	L	Y	O	R	L	T	Đ	J	N	F	H	H	B
E	A	G	A	N	S	A	G	P	U	F	T	Đ	E
G	J	Č	N	E	Y	T	B	K	U	N	P	Y	S
E	N	U	I	B	I	E	K	I	A	R	A	W	M
N	U	D	V	O	M	V	H	N	R	P	E	K	R
D	M	O	A	W	H	S	F	T	U	I	J	I	T
A	U	V	J	M	J	O	S	A	T	T	N	N	N
L	F	I	L	J	Č	V	W	R	L	E	E	T	O
A	S	Š	M	M	O	A	Y	P	U	H	R	R	S
Đ	D	T	R	O	U	O	R	S	K	R	O	M	T
U	M	E	G	Z	A	L	I	O	I	A	V	S	K
S	T	V	A	R	A	N	J	E	B	Đ	T	G	V
K	A	T	A	S	T	R	O	F	A	N	S	T	B
L	J	U	B	O	M	O	R	A	W	J	I	P	S

ARHETIP
MUNJA
GRMLJAVINA
LJUBOMORA
JUNAK
NEBO
KATASTROFA
STVARANJE
STVORENJE
RATNIK
KULTURA
LABIRINT
LEGENDA
ČAROBNI
ČUDOVIŠTE
OSVETA
SNAGA
SMRTNIK
BESMRTNOST

20 - Restaurant #2

Đ	K	E	S	K	S	N	V	L	V	A	O	V	L
V	O	Ć	E	T	O	P	R	E	D	J	E	L	O
A	F	I	Ć	U	O	N	F	M	E	S	T	U	Z
J	W	F	I	R	Đ	L	O	Ž	L	I	C	A	A
V	V	S	P	A	V	O	I	B	W	D	T	B	Č
R	G	Y	G	D	Đ	S	W	C	A	W	O	I	I
E	Ć	R	V	O	P	U	T	Z	A	R	R	R	N
Z	A	M	L	V	M	K	O	A	K	W	T	J	I
A	C	I	L	I	V	U	K	T	W	K	A	R	F
N	M	C	U	J	I	S	H	A	R	E	Č	E	V
C	C	M	Y	P	Đ	N	C	L	Č	S	E	Y	K
I	K	O	H	U	N	O	B	A	J	U	H	A	K
R	C	L	J	M	W	Z	O	S	O	Z	R	O	M
Z	V	V	U	I	K	U	Z	D	J	Z	A	Z	T

VEČERA
LED
RIBA
VOĆE
VILICA
POVRĆE
PIĆE
ZAČINI
KONOBAR
UKUSNO
TORTA
ŽLICA
RUČAK
REZANCI
SALATA
SOL
STOLICA
JUHA
PREDJELO
VODA

21 - Ökologie

K	F	M	P	K	L	I	M	A	G	M	I	R	Y
G	L	O	B	A	L	N	O	T	U	O	A	Z	W
P	R	I	R	O	D	A	E	S	A	Č	V	P	K
P	R	I	R	O	D	N	O	R	G	V	D	P	A
V	G	U	V	Đ	T	Y	K	V	V	A	Đ	K	N
R	E	F	A	I	S	R	U	S	E	R	Š	U	A
V	I	G	Y	A	Ž	D	G	J	N	A	T	U	T
D	D	Đ	E	L	N	R	A	Đ	I	K	V	U	S
A	K	U	C	T	R	I	D	L	N	P	S	J	P
F	A	U	N	A	A	N	P	O	A	B	K	A	O
W	Z	P	K	V	Z	C	E	J	L	I	B	Y	N
O	Y	T	Y	B	Z	K	I	O	P	C	C	D	F
S	T	A	N	I	Š	T	E	J	W	Y	M	F	H
P	O	M	O	R	S	K	I	R	A	R	O	L	F

VRSTA
PLANINE
SUŠA
FAUNA
FLORA
GLOBALNO
KLIMA
STANIŠTE
POMORSKI
ODRŽIV
PRIRODA
PRIRODNO
BILJE
RESURSI
MOČVARA
OPSTANAK
VEGETACIJA

22 - Schokolade

A	V	Š	Z	A	N	A	T	S	K	I	N	Y	T
H	R	T	E	G	O	R	A	K	R	R	U	O	C
G	I	O	W	Ć	J	Đ	G	P	V	V	C	L	E
O	T	K	M	H	E	G	K	S	T	Y	Đ	P	G
M	O	A	K	A	K	R	E	E	Đ	O	Z	S	Z
I	G	R	A	R	I	K	U	K	U	S	N	O	O
L	W	A	J	P	K	G	A	Đ	D	U	A	K	T
J	W	M	O	W	I	Z	J	L	G	K	V	O	I
E	A	E	T	S	R	Z	N	O	O	O	T	K	Č
N	J	L	S	L	I	R	D	B	M	R	P	E	N
I	E	A	A	A	K	G	U	T	P	A	I	E	O
A	S	R	S	T	I	B	Ž	P	U	P	Z	J	Đ
V	T	H	Y	K	R	E	C	E	P	T	Y	J	E
B	I	V	W	O	K	V	A	L	I	T	E	T	A

AROMA
GORAK
KIKIRIKI
JESTI
EGZOTIČNO
OMILJENI
OKUS
ZANATSKI
KAKAO
KALORIJE
KARAMELA
KOKOS
UKUSNO
PRAH
KVALITETA
RECEPT
SLATKO
ŽUDNJA
ŠEĆER
SASTOJAK

23 - Boote

L	Y	A	N	K	O	N	O	D	B	L	S	J	P
O	C	E	A	N	N	S	Đ	P	U	T	P	E	O
B	M	J	R	G	B	K	F	P	L	Z	L	D	M
R	O	A	C	O	M	O	R	N	A	R	A	R	O
A	T	H	D	R	M	J	L	H	D	J	V	I	R
J	O	T	A	D	F	Y	W	P	A	E	Z	L	S
G	R	A	M	I	I	R	R	D	S	Z	E	I	K
P	U	Ž	E	S	M	I	F	K	O	E	T	C	I
U	L	V	G	U	W	J	Đ	I	P	R	R	A	V
I	A	U	Đ	U	R	E	O	P	R	O	U	D	O
R	D	H	T	L	N	K	S	W	V	U	J	Y	L
V	C	B	K	A	J	A	K	M	F	B	D	T	A
J	H	H	C	T	Č	T	K	E	J	A	R	T	V
B	E	T	Š	I	N	A	T	S	I	R	P	L	U

SIDRO
PLUTAČA
POSADA
PRISTANIŠTE
TRAJEKT
SPLAV
RIJEKA
KAJAK
KANU
JARBOL
MORE
MOTOR
POMORSKI
OCEAN
JEZERO
MORNAR
JEDRILICA
UŽE
VALOVI
JAHTA

24 - Stadt

Z	J	E	K	N	M	S	Z	R	F	L	K	S	F
U	B	E	A	O	B	U	T	A	L	J	N	U	O
P	E	K	A	R	A	Z	Z	Ć	K	E	J	P	K
H	K	D	K	K	G	I	E	E	H	K	I	E	N
O	L	O	U	B	A	R	M	J	J	A	Ž	R	J
T	I	B	L	Đ	L	Z	J	V	O	R	A	M	I
E	N	B	A	N	O	L	A	C	V	N	R	A	Ž
L	I	Z	N	M	K	L	C	L	L	A	A	R	N
D	K	C	Č	L	Š	E	M	S	I	L	C	K	I
I	A	N	A	R	O	T	S	E	R	Š	O	E	C
N	Z	P	R	S	T	A	D	I	O	N	T	T	A
I	S	A	Z	K	I	N	O	O	Y	Z	S	E	P
S	V	E	U	Č	I	L	I	Š	T	E	I	Đ	K
G	A	L	E	R	I	J	A	K	N	A	B	N	E

LJEKARNA
BANKA
PEKARA
KNJIŽNICA
CVJEĆAR
KNJIŽARA
ZRAČNA LUKA
GALERIJA
HOTEL

KINO
KLINIKA
MUZEJ
RESTORAN
ŠKOLA
STADION
SUPERMARKET
KAZALIŠTE
SVEUČILIŠTE

25 - Aktivitäten

K	C	R	Č	K	I	Y	A	U	V	N	S	I	C
E	K	T	I	A	O	V	T	S	R	A	B	I	R
R	A	Z	T	S	O	N	V	I	T	K	A	Y	C
A	M	D	A	J	J	V	O	O	L	P	K	V	M
M	P	C	N	Y	I	T	K	D	A	N	L	S	I
I	I	N	J	I	B	L	M	H	R	U	R	E	T
K	R	T	E	V	K	W	S	G	S	A	R	J	S
A	A	J	I	F	A	R	G	O	T	O	F	N	O
A	N	I	T	Š	E	J	V	R	V	Đ	I	A	N
G	J	O	S	S	I	G	R	E	O	G	P	V	T
C	E	H	B	I	L	M	A	G	I	J	A	I	E
A	D	I	O	R	E	I	D	H	L	Đ	E	Š	J
C	S	T	T	G	T	P	K	C	O	I	Đ	T	M
P	L	E	T	E	N	J	E	A	V	R	B	M	U

AKTIVNOST
RIBARSTVO
KAMPIRANJE
VJEŠTINA
FOTOGRAFIJA
VRTLARSTVO
SLIKA
LOV
KERAMIKA
UMJETNOST
OBRT
ČITANJE
MAGIJA
ŠIVANJE
IGRE
PLETENJE
PLES

26 - Bienen

U	V	G	Đ	O	P	R	A	Š	I	V	A	Č	L
Z	O	M	J	N	L	W	I	Z	K	R	I	L	A
I	T	S	O	K	I	L	O	N	Z	A	R	H	M
Đ	I	R	L	N	R	S	L	C	S	D	Y	S	E
M	H	K	V	M	P	A	V	B	A	F	A	T	D
K	O	Š	N	I	C	A	L	R	B	Đ	G	A	U
Z	Đ	I	N	D	K	T	E	J	I	V	C	N	L
D	V	G	N	L	O	V	J	R	I	E	G	I	E
K	U	K	A	C	R	O	L	L	O	C	W	Š	P
S	U	N	C	E	I	S	I	N	K	J	A	T	Đ
N	S	S	O	Ć	S	A	B	L	P	R	S	E	T
A	K	Đ	J	O	N	K	F	Z	S	Y	B	C	S
V	M	N	I	V	O	C	V	I	J	E	Ć	E	K
E	K	O	S	U	S	T	A	V	Z	Z	M	R	H

OPRAŠIVAČ
KOŠNICA
CVIJEĆE
CVIJET
KRILA
VOĆE
VRT
MED
KUKAC
KRALJICA
STANIŠTE
EKOSUSTAV
BILJE
PELUD
DIM
ROJ
SUNCE
RAZNOLIKOST
KORISNO
VOSAK

27 - Wissenschaftliche Disziplinen

E	I	P	R	A	J	I	M	E	K	S	B	S	L
E	K	D	S	J	Y	I	D	Đ	G	J	I	N	I
I	J	O	D	I	A	K	I	N	A	T	O	B	N
M	K	B	L	M	H	A	B	J	O	U	K	J	G
U	G	I	Z	O	M	O	H	N	T	I	E	O	V
N	E	O	D	T	G	E	L	H	N	J	M	K	I
O	O	L	Y	A	J	I	H	O	J	K	I	W	S
L	L	O	Y	N	J	U	J	A	G	S	J	E	T
O	O	G	M	A	Đ	W	Đ	A	N	I	A	P	I
G	G	I	N	C	V	L	A	W	K	I	J	F	K
I	I	J	F	E	K	R	B	Z	E	C	K	A	A
J	J	A	J	I	G	O	L	O	E	H	R	A	F
A	A	J	I	G	O	L	O	I	C	O	S	V	P
K	I	N	E	Z	I	O	L	O	G	I	J	A	O

ANATOMIJA
ARHEOLOGIJA
BIOKEMIJA
BIOLOGIJA
BOTANIKA
KEMIJA
GEOLOGIJA
IMUNOLOGIJA
KINEZIOLOGIJA
LINGVISTIKA
MEHANIKA
EKOLOGIJA
PSIHOLOGIJA
SOCIOLOGIJA

28 - Vögel

W	Z	W	P	I	B	H	I	F	W	F	U	G	K
G	P	W	S	I	U	P	A	P	I	G	A	S	U
T	H	A	J	O	L	P	E	L	I	K	A	N	K
W	N	U	T	O	O	E	J	A	J	P	T	C	A
P	I	V	F	K	G	H	T	F	P	S	B	H	V
Đ	Z	R	F	I	A	M	O	I	M	F	F	M	I
O	N	A	R	V	A	G	Đ	G	N	O	L	G	C
C	G	B	G	R	G	A	L	E	B	A	A	K	A
R	S	A	P	A	K	S	U	G	V	J	M	L	J
L	O	C	K	N	I	V	G	N	I	P	I	Y	L
A	A	D	Z	A	V	O	S	B	N	Đ	N	T	P
B	R	O	A	P	A	U	N	M	P	J	G	P	A
U	O	P	T	S	W	F	C	T	W	I	O	V	Č
D	O	I	B	H	V	K	S	Y	V	D	R	V	D

ORAO
JAJE
PATKA
SOVA
FLAMINGO
GUSKA
PILETINA
VRANA
KUKAVICA
GALEB
PAPIGA
PELIKAN
PAUN
PINGVIN
GAVRAN
ČAPLJA
LABUD
VRABAC
RODA
GOLUB

29 - Elektrizität

M	K	O	L	H	Y	M	R	E	T	U	P	K	S
A	F	A	M	E	R	P	O	L	E	T	O	O	K
G	D	Z	B	Z	O	K	F	E	L	I	Z	L	L
N	E	C	L	E	I	D	L	K	E	Č	I	I	A
E	N	N	U	J	L	H	F	T	V	N	T	Č	D
T	T	E	L	E	F	O	N	R	I	I	I	I	I
B	A	T	E	R	I	J	A	I	Z	C	V	N	Š
A	O	B	J	E	K	T	I	Č	I	A	A	A	T
Ž	I	C	E	F	C	A	R	A	J	Z	N	A	E
V	R	I	M	R	K	P	M	R	A	A	F	L	N
Đ	P	L	R	E	S	A	L	B	Z	A	T	C	J
P	L	S	E	N	E	G	A	T	I	V	A	N	E
E	F	E	Ž	G	E	N	E	R	A	T	O	R	I
Y	S	S	A	K	J	L	I	T	E	J	V	S	F

OPREMA
BATERIJA
ŽICE
ELEKTRIČAR
TELEVIZIJA
GENERATOR
KABEL
SKLADIŠTENJE
SVJETILJKA
LASER
MAGNET
KOLIČINA
NEGATIVAN
MREŽA
OBJEKTI
POZITIVAN
UTIČNICA
TELEFON

30 - Garten

L	O	P	A	T	A	P	U	L	K	Z	Đ	A	P
M	R	D	T	Đ	A	G	E	T	P	P	U	I	A
G	R	M	C	R	Ž	T	E	L	Y	F	W	F	J
H	C	N	R	P	A	I	I	O	F	V	K	R	M
D	Đ	N	I	E	R	V	Y	U	T	S	A	I	V
B	W	I	J	K	A	J	N	B	I	R	F	V	O
L	A	L	E	U	G	M	E	J	I	R	T	I	Ć
W	D	O	V	G	M	A	M	D	A	Z	S	S	N
T	A	P	O	K	R	S	S	S	T	K	V	E	J
E	R	M	V	W	S	A	E	V	R	T	N	Ć	A
J	G	A	R	J	W	R	B	A	T	N	E	A	K
I	O	R	V	I	F	E	C	L	P	W	B	Đ	C
V	I	T	D	A	L	T	N	U	J	D	R	V	O
C	P	K	O	R	O	V	B	M	T	E	S	P	G

KLUPA
DRVO
CVIJET
TLO
GRM
GARAŽA
VRT
TRAVA
VISEĆA
VOĆNJAK
TRAVNJAK
GRABLJE
LOPATA
CRIJEVO
RIBNJAK
TERASA
TRAMPOLIN
KOROV
TRIJEM
OGRADA

31 - Antarktis

U	P	I	D	T	N	E	N	I	T	N	O	K	L
M	I	N	E	R	A	L	I	S	H	K	N	P	Đ
V	C	B	T	D	R	K	O	T	O	U	L	O	P
R	A	A	J	I	C	A	V	R	E	Z	N	O	K
I	J	U	W	Y	E	V	E	A	V	O	D	A	I
J	N	Y	Š	W	M	K	J	Ž	P	U	A	W	V
E	E	B	I	V	F	V	L	I	S	T	J	N	O
M	D	E	L	L	O	H	A	V	E	M	I	U	R
E	E	I	O	I	W	R	Z	A	T	M	C	C	T
W	L	D	K	E	W	N	L	Č	A	H	A	I	E
T	O	P	O	G	R	A	F	I	J	A	R	L	J
S	T	J	E	N	O	V	I	T	A	V	G	H	V
E	K	S	P	E	D	I	C	I	J	A	I	J	M
T	E	M	P	E	R	A	T	U	R	A	M	P	F

ZALJEV
LED
KONZERVACIJA
EKSPEDICIJA
STJENOVITA
ISTRAŽIVAČ
LEDENJACI
POLUOTOK
KONTINENT
MIGRACIJA
MINERALI
TEMPERATURA
TOPOGRAFIJA
OKOLIŠ
PTICE
VODA
VRIJEME
VJETROVI

32 - Fahren

H	Z	R	R	O	L	B	W	O	K	G	K	N	A
M	O	T	O	C	I	K	L	P	A	O	O	P	J
I	V	S	Z	P	B	Đ	N	R	M	R	Č	M	I
I	E	O	N	G	O	L	M	E	I	I	N	S	C
O	J	N	P	G	M	K	I	Z	O	V	I	Đ	I
U	I	S	E	W	O	C	A	C	N	O	C	T	L
S	R	A	W	L	T	L	L	R	E	O	E	Z	O
Y	P	P	G	U	U	V	Y	B	T	N	I	L	P
S	O	O	A	Ž	A	R	A	G	Đ	A	C	M	T
N	E	S	R	E	Ć	A	N	I	Z	R	B	A	U
G	L	D	O	S	I	G	U	R	N	O	S	T	N
W	Đ	Z	T	P	R	O	M	E	T	V	W	R	E
L	N	E	O	A	U	T	O	B	U	S	D	Z	L
L	T	I	M	K	N	I	H	S	W	G	V	G	H

AUTOMOBIL
KOČNICE
GORIVO
AUTOBUS
GARAŽA
PLIN
OPASNOST
BRZINA
KARTA
LICENCA
KAMION
MOTOR
MOTOCIKL
POLICIJA
SIGURNOST
PRIJEVOZ
TUNEL
NESREĆA
PROMET
OPREZ

33 - Physik

R	M	O	L	E	K	U	L	A	V	K	M	M	F
O	E	Đ	L	K	V	N	A	R	A	E	A	E	K
T	J	L	G	J	K	L	V	T	T	M	G	H	M
O	N	E	A	Č	V	Z	S	C	O	I	N	A	B
M	A	L	N	T	E	L	G	I	M	J	E	N	N
Y	Z	E	I	I	I	S	O	A	K	S	T	I	A
Y	R	K	Z	M	W	V	T	N	Đ	K	I	K	Z
L	B	T	R	U	S	B	N	I	C	I	Z	A	R
L	U	R	B	F	B	Z	L	O	C	I	A	T	V
G	T	O	P	F	A	P	S	A	S	A	M	D	T
S	J	N	C	L	N	T	A	Ć	O	T	S	U	G
Y	R	Z	D	N	I	N	R	A	E	L	K	U	N
I	H	G	M	K	D	N	F	O	R	M	U	L	A
Đ	Đ	F	R	E	K	V	E	N	C	I	J	A	S

ATOM
UBRZANJE
KAOS
KEMIJSKI
GUSTOĆA
ELEKTRON
FORMULA
FREKVENCIJA
PLIN

BRZINA
MAGNETIZAM
MASA
MEHANIKA
MOLEKULA
MOTOR
NUKLEARNI
ČESTICA
RELATIVNOST

34 - Bücher

Z	A	O	Č	S	T	R	A	N	I	C	A	Č	A
K	M	I	R	I	A	R	U	T	N	A	V	A	U
E	I	N	Y	R	T	S	O	N	L	A	U	D	T
S	E	R	I	J	A	A	C	M	D	K	W	E	O
Đ	R	A	L	L	J	M	Č	L	A	A	Y	J	R
I	A	R	S	T	T	N	D	S	Č	N	S	V	B
P	O	E	Z	I	J	A	K	R	I	B	Z	O	K
C	E	T	U	V	P	S	D	G	R	O	J	P	O
A	F	I	M	O	L	I	Y	Z	P	C	C	I	N
T	N	L	U	H	Đ	P	E	J	D	I	S	R	T
F	A	T	K	U	A	A	M	S	E	J	P	P	E
M	C	C	F	D	O	N	Č	I	G	A	R	T	K
Đ	I	N	V	E	N	T	I	V	N	I	A	Đ	S
P	O	V	I	J	E	S	N	I	D	S	S	V	T

AVANTURA
AUTOR
DUALNOST
EP
INVENTIVNI
PRIPOVJEDAČ
PJESMA
PRIČA
NAPISAN
POVIJESNI
DUHOVIT
ZBIRKA
KONTEKST
ČITAČ
LITERARNI
POEZIJA
ROMAN
STRANICA
SERIJA
TRAGIČNO

35 - Menschlicher Körper

G	H	W	T	F	G	B	R	W	P	C	N	K	V
L	U	S	T	A	D	A	R	B	R	A	G	O	N
A	M	Đ	N	K	T	J	F	A	S	E	M	L	L
V	O	B	O	U	U	E	Y	T	T	H	U	J	Đ
A	Z	Y	S	R	B	Z	D	M	A	C	K	E	B
A	A	G	P	D	W	I	N	V	R	Đ	R	N	A
Č	K	P	Y	G	N	K	N	T	V	I	V	O	U
R	E	C	R	S	V	R	L	N	A	V	W	A	H
V	A	L	F	I	S	H	G	I	A	Z	L	Y	O
D	I	M	J	S	F	A	K	O	C	V	D	E	R
Y	E	L	E	U	B	U	H	P	O	E	I	H	P
T	L	N	W	H	S	G	L	E	Ž	A	N	J	W
K	O	Ž	A	P	S	T	A	K	A	L	A	G	R
G	L	T	H	J	I	M	Y	C	B	R	L	N	N

NOGA
KRV
LAKAT
PRST
MOZAK
LICE
VRAT
RUKA
KOŽA
SRCE

ČELJUST
BRADA
KOLJENO
GLEŽANJ
GLAVA
USTA
NOS
UHO
RAME
JEZIK

36 - Landschaften

P	W	U	V	S	I	N	E	O	V	H	L	V	Đ
L	S	W	S	W	B	A	O	H	D	J	E	O	C
A	N	M	A	R	D	N	U	T	Y	A	D	D	Z
N	B	E	R	Đ	O	R	E	Z	E	J	E	O	A
I	Z	C	A	R	L	R	P	V	T	N	N	P	L
N	J	J	V	R	I	Z	J	E	G	I	J	A	J
A	D	D	Č	O	N	U	D	C	R	T	A	D	E
V	J	E	O	Z	A	Ž	A	L	P	S	K	Z	V
V	D	J	M	D	V	H	T	Z	L	U	H	M	L
Z	L	B	M	Š	P	I	L	J	A	P	P	J	Đ
R	I	J	E	K	A	P	O	L	U	O	T	O	K
U	N	J	T	R	M	B	R	D	O	L	B	C	H
Y	U	I	E	K	O	U	V	O	T	O	K	B	V
L	E	D	E	N	A	M	V	U	L	K	A	N	Y

PLANINA
LEDENA
RIJEKA
GEJZIR
LEDENJAK
ZALJEV
POLUOTOK
ŠPILJA
BRDO
OTOK
MORE
OAZA
JEZERO
PLAŽA
MOČVARA
DOLINA
TUNDRA
VULKAN
VODOPAD
PUSTINJA

37 - Abenteuer

A	I	P	E	M	U	P	B	B	O	M	V	C	G
C	Z	R	T	S	O	N	R	U	G	I	S	D	G
H	N	I	M	A	Z	A	J	I	Z	U	T	N	E
R	E	R	N	J	S	L	R	J	P	H	Đ	U	J
A	N	O	E	I	T	J	A	L	R	R	G	W	A
B	A	D	O	C	E	E	D	E	Z	A	E	A	J
R	Đ	A	B	A	T	P	O	T	V	R	K	M	N
O	U	I	I	G	E	O	S	A	A	E	M	F	A
S	J	Z	Č	I	Š	T	T	J	Đ	N	W	H	V
T	U	L	N	V	K	A	K	I	L	I	R	P	O
G	Ć	E	O	A	O	R	Z	R	S	T	O	P	T
J	I	T	O	N	Ć	M	F	P	J	I	V	R	U
K	E	Đ	G	B	A	O	P	A	S	N	O	G	P
A	K	T	I	V	N	O	S	T	P	Z	N	D	O

AKTIVNOST
IZLET
ENTUZIJAZAM
PRILIKA
RADOST
PRIJATELJI
OPASNO
PRIRODA
NAVIGACIJA
NOVO

PUTOVANJA
ITINERAR
LJEPOTA
TEŠKOĆA
SIGURNOST
HRABROST
NEOBIČNO
IZNENAĐUJUĆI
PRIPREMA

38 - Flugzeuge

N	J	A	Z	I	D	C	V	U	L	D	G	O	A
Z	E	L	D	A	W	A	O	V	I	R	O	G	V
P	U	B	T	A	J	N	D	A	R	G	Z	I	A
M	Y	V	O	N	K	B	I	D	D	G	K	V	N
O	F	R	L	I	A	A	K	A	R	Z	C	H	T
T	Z	I	I	S	N	L	A	D	A	S	O	P	U
O	P	J	P	I	D	O	Z	G	R	M	S	I	R
R	U	E	Đ	V	Z	N	A	H	V	G	O	H	A
U	T	M	Y	I	R	E	L	E	P	O	R	P	V
J	N	E	E	F	D	G	I	S	U	J	Đ	K	B
R	I	V	Z	F	H	T	S	E	J	I	V	O	P
Đ	K	T	U	R	B	U	L	E	N	C	I	J	A
A	T	M	O	S	F	E	R	A	K	T	Y	N	D
N	A	P	U	H	A	T	I	G	C	E	K	V	Đ

AVANTURA
SILAZAK
ATMOSFERA
NAPUHATI
BALON
GORIVO
POSADA
DIZAJN
POVIJEST
NEBO
VISINA
IZGRADNJA
ZRAK
MOTOR
PUTNIK
PILOT
PROPELERI
TURBULENCIJA
VODIK
VRIJEME

39 - Haartypen

D	D	Ć	S	S	V	A	L	O	V	I	T	A	R
K	L	E	R	S	U	C	D	L	O	Z	Đ	J	N
U	V	L	E	J	K	H	K	O	V	R	Č	E	K
M	P	A	B	V	J	L	O	M	E	K	A	N	R
J	I	V	R	A	Y	U	A	Z	E	R	V	E	A
L	P	M	O	K	G	B	W	B	B	Đ	I	C	T
C	I	P	E	D	F	B	T	U	U	S	S	I	A
O	A	L	B	M	J	Đ	A	V	N	K	M	N	K
Y	Š	E	E	K	O	V	R	Č	A	V	A	E	W
B	U	T	D	J	S	K	D	D	H	A	Z	T	Đ
M	V	E	S	T	I	Đ	U	F	B	R	Đ	E	I
K	A	N	A	T	U	B	G	C	S	D	L	L	W
U	L	A	N	R	C	L	O	W	N	Z	Y	P	U
P	P	S	J	A	J	A	N	K	B	L	V	T	A

PLAVUŠA
SMEĐ
DEBEO
TANAK
PLETENA
ZDRAV
SJAJAN
SIVA
ĆELAV
KRATAK
DUGO
KOVRČE
KOVRČAVA
CRNA
SREBRO
SUHO
MEKAN
BIJELI
VALOVITA
PLETENICE

40 - Essen #1

B	Đ	Đ	H	F	H	B	G	R	L	K	K	N	M
O	K	E	J	I	L	M	Y	I	O	I	F	O	Đ
S	K	U	S	K	M	S	B	N	N	S	U	G	T
I	C	A	S	O	L	A	T	U	N	A	P	E	R
L	Š	V	V	F	M	L	R	S	U	U	A	K	I
J	F	E	R	A	H	A	N	P	D	J	M	B	O
A	P	C	Ć	O	Z	T	A	V	K	R	M	I	C
K	L	C	E	E	I	A	D	G	R	S	S	D	L
A	H	U	J	Y	R	W	O	V	U	M	E	S	O
J	A	D	G	F	W	P	G	D	Š	L	U	K	N
N	U	K	Đ	O	T	V	A	L	K	U	U	E	N
Š	O	L	J	H	U	L	J	H	A	G	R	S	U
E	C	I	M	E	T	A	N	I	P	Š	H	O	A
Č	R	Đ	A	M	I	K	I	R	I	K	I	K	Y

BOSILJAK
KRUŠKA
JAGODA
KIKIRIKI
MESO
KAVA
MRKVA
ČEŠNJAK
MLIJEKO
REPA

SOK
SALATA
SOL
ŠPINAT
JUHA
TUNA
CIMET
LIMUN
ŠEĆER
LUK

41 - Gebäude

B	E	T	V	B	S	G	L	S	S	N	T	Y	H
D	O	P	R	E	C	A	A	U	B	U	V	S	O
I	Y	L	A	T	B	R	B	P	Š	P	O	A	S
B	N	E	N	Š	M	A	O	E	K	S	R	S	T
F	G	T	I	I	I	Ž	R	R	O	T	N	V	E
O	I	O	B	L	C	A	A	M	L	A	I	E	L
A	K	H	A	A	B	A	T	A	A	D	C	U	T
G	U	W	K	Z	Y	M	O	R	R	I	A	Č	O
M	Ć	Đ	A	A	B	R	R	K	R	O	C	I	R
J	A	N	B	K	R	A	I	E	A	N	B	L	A
E	Š	A	T	O	R	F	J	T	W	J	D	I	N
Z	V	J	E	Z	D	A	R	N	I	C	A	Š	J
U	U	H	A	F	K	I	N	O	Z	F	E	T	J
M	A	S	Z	E	W	I	K	T	W	T	Z	E	S

FARMA
TVORNICA
GARAŽA
KUĆA
HOSTEL
HOTEL
KABINA
KINO
BOLNICA
LABORATORIJ
MUZEJ
ZVJEZDARNICA
STAJA
ŠKOLA
STADION
SUPERMARKET
KAZALIŠTE
TORANJ
SVEUČILIŠTE
ŠATOR

42 - Angeln

J	F	U	V	R	Y	E	N	N	O	C	D	W	B
P	E	J	N	A	V	I	R	E	J	T	E	R	P
L	G	Z	A	M	A	T	Z	V	P	U	P	E	K
A	R	F	E	E	A	A	G	A	V	V	E	K	O
Ž	K	J	C	R	N	H	F	K	F	R	R	G	S
A	Š	Z	O	P	O	U	A	U	D	I	A	K	P
C	Z	Z	N	O	Z	K	M	K	S	J	J	O	S
I	V	O	D	A	E	T	M	B	K	E	E	Š	T
Ž	P	H	R	Z	S	R	G	A	N	K	P	A	S
Č	K	M	O	S	U	E	Z	Đ	M	A	W	R	U
S	A	N	I	Ž	E	T	U	L	Đ	A	B	A	J
H	A	M	B	U	S	E	C	T	J	R	C	E	L
G	H	N	A	S	T	R	P	L	J	E	N	J	E
H	F	O	T	C	R	W	D	F	P	K	W	N	Č

OPREMA
ČAMAC
ŽICA
PERAJE
RIJEKA
STRPLJENJE
TEŽINA
KUKA
SEZONA
ČELJUST
ŠKRGE
KUHATI
KOŠARA
MAMAC
OCEAN
JEZERO
PLAŽA
PRETJERIVANJE
VAGA
VODA

43 - Essen #2

Z	P	W	B	L	P	J	J	W	V	D	J	O	H
S	S	W	P	A	L	U	K	O	R	B	A	E	C
N	K	H	M	K	N	M	K	N	G	H	J	A	E
O	O	A	P	O	A	A	Đ	N	A	U	E	A	L
B	U	R	D	Č	Ž	Đ	N	W	T	R	R	U	E
S	I	R	B	I	D	R	Y	A	F	K	N	T	R
Č	U	R	A	T	I	Y	I	B	L	Z	A	P	L
O	C	I	D	R	L	J	Z	Ž	U	E	G	Š	I
K	F	B	E	A	T	I	W	M	A	T	O	E	J
O	L	A	M	V	A	C	I	Č	J	A	R	N	S
L	J	N	H	I	P	J	A	B	U	K	A	I	Z
A	E	B	Z	J	L	O	W	K	P	N	P	C	G
D	H	J	A	L	F	F	S	U	A	U	Š	A	U
A	S	O	K	G	G	F	A	J	N	Š	E	R	T

JABUKA
ARTIČOKA
PATLIDŽAN
BANANA
BROKULA
KRUH
JAJE
RIBA
JOGURT
SIR

TREŠNJA
BADEM
GLJIVA
RIŽA
ŠUNKA
ČOKOLADA
CELER
ŠPAROGA
RAJČICA
PŠENICA

44 - Energie

E	N	Z	I	E	R	M	B	L	U	D	G	A	G
L	U	A	N	L	V	O	H	R	P	I	V	J	O
E	K	G	D	E	V	W	I	R	V	Z	J	I	R
K	L	A	U	K	I	D	O	V	I	E	U	R	I
T	E	Đ	S	T	M	D	A	Đ	J	L	L	E	V
R	A	E	T	R	C	A	N	I	L	P	O	T	O
I	R	N	R	O	O	J	I	U	V	U	O	A	V
Č	N	J	I	N	G	I	B	W	O	G	K	B	J
N	I	E	J	Y	R	P	R	S	N	L	O	E	E
I	F	Y	A	E	W	O	U	F	B	J	L	N	T
H	G	O	A	C	L	R	T	Z	O	I	I	Z	A
U	Đ	W	T	S	U	T	G	O	Y	K	Š	I	R
H	W	K	Đ	O	S	N	M	R	M	F	E	N	C
J	S	U	V	F	N	E	S	U	N	C	E	V	Y

BATERIJA
BENZIN
GORIVO
DIZEL
ELEKTRIČNI
ELEKTRON
ENTROPIJA
OBNOVLJIV
TOPLINA
INDUSTRIJA
UGLJIK
MOTOR
NUKLEARNI
FOTON
SUNCE
TURBINA
OKOLIŠ
ZAGAĐENJE
VODIK
VJETAR

45 - Familie

A	N	L	D	N	T	D	P	B	R	Đ	P	U	A
G	G	Đ	I	E	K	A	D	E	R	P	A	I	W
U	N	U	K	Ć	L	S	J	S	Y	M	V	T	O
R	S	J	S	A	K	B	E	M	M	W	Đ	K	H
P	W	Y	N	K	V	G	D	T	L	B	G	D	K
U	C	U	I	A	K	J	A	M	E	S	W	J	W
S	D	Z	Č	Đ	Z	B	H	T	C	J	M	U	Ž
U	R	B	J	O	O	T	A	C	C	B	I	P	Đ
A	J	K	A	R	B	R	Đ	Y	H	R	K	D	Y
T	K	A	M	Y	M	Y	Z	F	S	A	S	S	S
E	M	Y	K	P	A	L	F	L	N	T	N	M	O
T	Z	K	B	G	U	N	D	G	G	E	I	J	C
K	S	S	E	S	T	R	A	K	A	B	Č	I	E
A	J	N	I	K	A	Ć	E	N	C	D	O	R	Z

BRAT
SUPRUGA
MUŽ
UNUK
BAKA
DJED
DIJETE
MAJKA
MAJČINSKI
NEĆAK
NEĆAKINJA
UJAK
SESTRA
TETKA
KĆI
OTAC
OČINSKI
ROĐAK
PREDAK

46 - Pflanzen

L	J	M	G	B	J	I	R	S	B	P	D	U	N
T	I	B	J	A	R	O	L	F	O	H	I	U	C
T	O	S	R	M	R	G	T	W	T	O	F	H	G
V	R	N	T	B	B	M	S	S	A	M	U	Š	B
E	V	A	T	U	O	B	O	F	N	N	U	E	A
G	R	J	V	S	B	L	O	V	I	J	O	N	G
E	V	L	K	A	I	Đ	I	I	K	E	S	S	R
T	D	Š	A	B	C	F	E	Š	A	O	B	V	S
A	B	R	K	K	A	Đ	D	E	Ć	T	V	R	T
C	Y	B	T	C	V	I	J	E	T	E	K	T	G
I	I	L	U	L	A	T	I	C	A	G	R	A	H
J	O	Z	S	L	P	O	C	C	N	D	R	V	O
A	N	I	V	O	H	A	M	V	U	U	P	E	V
K	O	R	I	J	E	N	F	U	G	K	Đ	B	M

BAMBUS
DRVO
BOBICA
LIST
CVIJET
LATICA
GRAH
BOTANIKA
GRM
GNOJIVO
BRŠLJAN
FLORA
VRT
TRAVA
KAKTUS
LIŠĆE
MAHOVINA
VEGETACIJA
ŠUMA
KORIJEN

47 - Gewürze

S	I	N	A	G	N	R	Č	R	K	E	O	A	Z
K	L	N	M	T	N	H	M	E	D	Z	K	R	C
O	O	A	T	Z	C	O	J	K	Š	M	U	E	N
M	S	R	T	A	C	U	R	R	Y	N	S	D	S
O	U	F	E	K	P	R	M	I	Đ	K	J	N	Đ
R	W	A	M	I	O	L	E	S	I	K	G	A	R
A	Đ	Š	I	R	I	B	M	U	Đ	K	O	J	K
Č	R	B	C	P	Y	W	N	K	K	Z	R	I	H
K	A	R	D	A	M	O	M	U	L	T	A	R	K
O	P	H	R	P	R	R	B	M	O	U	K	O	T
V	A	N	I	L	I	J	A	I	M	L	K	K	C
V	P	S	L	A	T	K	I	N	T	S	T	L	P
V	V	I	Đ	P	O	C	H	B	Z	W	K	R	S
B	I	O	E	B	Y	Đ	Z	P	H	H	L	H	K

ANIS
GORAK
CURRY
KOMORAČ
OKUS
ĐUMBIR
KARDAMOM
ČEŠNJAK
KORIJANDER
KUMIN
SLATKI
PAPRIKA
PAPAR
ŠAFRAN
SOL
KISELO
SLATKO
VANILIJA
CIMET
LUK

48 - Kreativität

I	I	N	T	U	I	C	I	J	A	U	V	A	O
N	Y	I	A	J	I	M	J	K	S	V	I	U	S
S	D	Z	Z	H	T	D	N	H	L	M	Z	T	J
P	H	R	K	W	J	D	E	F	Y	E	I	E	E
I	V	A	T	Š	A	M	A	J	O	D	J	N	Ć
R	J	Z	T	B	B	M	Ć	E	E	Đ	E	T	A
A	E	S	Đ	D	R	N	O	W	Đ	S	S	I	J
C	Š	P	I	K	Z	E	N	O	L	T	W	Č	Y
I	T	O	Y	C	P	P	S	S	E	Đ	T	N	O
J	I	N	A	Č	I	T	A	M	A	R	D	O	A
A	N	T	W	O	Đ	E	J	A	Ć	E	J	S	O
E	A	A	S	L	I	K	A	Y	F	Z	H	T	V
D	Y	N	Đ	I	N	V	E	N	T	I	V	N	I
D	A	O	B	Đ	F	L	U	I	D	N	O	S	T

IZRAZ
AUTENTIČNOST
SLIKA
DRAMATIČAN
DOJAM
INVENTIVNI
VJEŠTINA
FLUIDNOST
OSJEĆAJE
IDEJE
INSPIRACIJA
INTUICIJA
JASNOĆA
MAŠTA
OSJEĆAJ
SPONTANO
VIZIJE

49 - Geschäft

V	M	P	N	Đ	M	P	B	N	L	R	P	B	F
I	Z	E	R	O	P	B	R	A	Y	O	S	M	Đ
C	T	F	J	I	V	A	V	O	G	B	D	F	M
Y	O	R	O	V	H	A	W	Z	R	A	M	R	A
T	R	O	Š	A	K	O	C	C	Y	A	T	Đ	L
M	P	N	L	Y	B	L	D	E	K	J	Č	M	I
O	W	P	O	P	U	S	T	N	N	A	Ć	U	D
U	L	A	G	A	N	J	E	Y	F	D	O	U	N
G	N	C	A	V	A	D	O	L	S	O	P	R	O
K	A	R	I	J	E	R	A	S	W	R	O	E	E
Z	A	P	O	S	L	E	N	I	K	P	G	D	O
E	K	O	N	O	M	I	J	A	D	O	B	I	T
V	A	L	U	T	A	M	E	N	A	D	Ž	E	R
D	C	S	K	C	T	V	O	R	N	I	C	A	Y

POSLODAVAC
PRORAČUN
URED
PRIHOD
TVORNICA
NOVAC
DUĆAN
DOBIT
ULAGANJE
KARIJERA
TROŠAK
MENADŽER
ZAPOSLENIK
POPUST
POREZI
PRODAJA
ROBA
VALUTA
EKONOMIJA

50 - Ingenieurwesen

L	E	D	I	Z	E	L	J	A	B	S	T	I	L
E	N	E	R	G	I	J	A	R	R	T	G	T	K
D	U	K	P	K	S	D	N	U	Č	A	R	Z	I
U	D	U	B	B	L	K	A	T	V	B	O	T	T
B	P	T	U	I	G	Y	A	K	W	I	T	F	E
I	J	O	R	T	S	S	T	U	O	L	O	D	K
N	R	Đ	L	A	G	W	E	R	H	N	M	I	U
A	N	K	U	U	U	C	Đ	T	T	O	W	J	Ć
L	M	P	F	A	G	A	N	S	S	S	Y	A	I
V	B	S	O	M	U	E	Y	E	L	T	P	G	N
F	R	U	D	G	P	R	O	M	J	E	R	R	A
O	I	G	R	G	O	A	G	A	U	C	Y	A	P
M	S	Đ	O	E	J	N	E	R	E	J	M	M	E
K	Z	U	P	Č	A	N	I	C	I	J	L	Y	Y

OS
POGON
IZRAČUN
DIJAGRAM
DIZEL
PROMJER
ENERGIJA
TEKUĆINA
ZUPČANICI
POLUGE
STROJ
MJERENJE
MOTOR
STABILNOST
SNAGA
STRUKTURA
DUBINA
KUT

51 - Kaffee

L	G	V	D	G	B	F	Y	M	Đ	K	V	Š	H
K	I	S	E	L	O	I	C	L	C	P	T	A	I
C	U	O	S	A	J	L	I	I	S	A	H	L	T
H	H	W	G	C	R	T	J	J	K	K	S	I	E
V	O	D	A	R	W	A	E	E	Y	R	Y	C	J
P	I	Ć	E	N	Z	R	N	K	Z	F	E	A	L
K	J	M	L	A	L	K	A	O	Đ	P	H	M	M
P	O	R	A	Z	N	O	L	I	K	O	S	T	A
O	R	F	P	O	D	R	I	J	E	T	L	O	S
K	E	Ž	E	J	U	T	R	O	Z	M	Y	J	Z
U	Ć	C	E	I	G	O	R	A	K	O	G	M	I
S	E	W	L	N	N	U	P	C	D	W	B	C	Z
O	Š	H	Đ	G	A	M	O	R	A	P	V	S	W
T	E	K	U	Ć	I	N	A	Z	J	P	R	G	A

AROMA
GORAK
KREMA
FILTAR
TEKUĆINA
PRŽENA
OKUS
PIĆE
KOFEIN
SAMLJETI
MLIJEKO
JUTRO
CIJENA
KISELO
CRNA
ŠALICA
PODRIJETLO
RAZNOLIKOST
VODA
ŠEĆER

52 - Gemüse

M	S	B	C	M	C	A	V	A	T	S	A	R	K
G	C	O	G	V	K	J	S	Đ	E	A	Đ	D	L
J	R	T	R	S	E	R	B	Y	U	L	U	P	U
O	M	A	V	K	R	M	U	T	G	A	M	A	B
K	A	N	Š	T	P	Đ	S	M	E	T	B	T	U
A	S	I	Y	A	R	E	P	A	P	A	I	L	G
R	L	P	B	V	K	M	G	K	L	I	R	I	B
F	I	Š	J	I	A	I	L	O	L	U	R	D	R
I	N	Y	K	J	J	V	L	Č	V	P	K	Ž	O
O	A	L	D	L	N	K	N	I	J	Z	Y	A	K
L	B	E	O	G	Š	Z	F	T	S	V	N	N	U
C	E	L	E	R	E	P	E	R	Š	I	N	O	L
V	U	T	E	K	Č	A	T	A	U	C	M	W	A
P	R	A	J	Č	I	C	A	V	E	D	N	U	B

ARTIČOKA
PATLIDŽAN
KARFIOL
BROKULA
GRAŠAK
KRASTAVAC
ĐUMBIR
MRKVA
KRUMPIR
ČEŠNJAK
BUNDEVA
MASLINA
PERŠIN
GLJIVA
REPA
SALATA
CELER
ŠPINAT
RAJČICA
LUK

53 - Schönheit

M	S	B	O	A	F	E	G	K	K	H	F	L	U
I	Đ	P	K	J	Ž	M	I	O	P	S	Z	H	L
L	D	W	B	I	D	O	V	Z	I	O	R	P	J
O	K	C	O	C	U	L	K	M	R	A	Š	M	A
S	W	P	S	N	G	A	B	E	R	A	K	Š	Z
T	T	L	M	A	Z	D	O	T	Č	D	Y	S	F
U	S	L	U	G	E	E	J	I	K	R	G	J	N
R	I	Z	F	E	I	L	A	K	Z	I	V	J	B
U	L	O	G	L	K	G	Š	A	N	B	U	O	J
Ž	I	R	J	E	Z	O	S	A	T	J	R	Y	K
V	T	M	I	R	I	S	H	Z	M	L	J	R	Y
K	S	M	A	S	K	A	R	A	U	P	K	E	S
E	L	E	G	A	N	T	A	N	M	I	O	T	A
F	O	T	O	G	E	N	I	Č	A	N	V	N	E

MILOST
ŠARM
USLUGE
MIRIS
ELEGANTAN
ELEGANCIJA
BOJA
FOTOGENIČAN
KOŽA
KOZMETIKA
RUŽ
KOVRČE
ULJA
PROIZVODI
ŠKARE
ŠAMPON
OGLEDALO
STILIST
MASKARA

54 - Tanzen

M	G	K	T	S	O	N	T	E	J	M	U	D	K
W	V	J	E	B	K	T	Y	L	H	R	V	R	U
G	L	A	Z	B	A	O	Y	W	C	M	I	Ž	L
K	T	I	J	E	L	O	K	D	A	I	D	A	T
E	L	R	I	T	A	M	F	E	Đ	L	N	N	U
M	N	A	J	A	Ž	A	R	Z	I	O	I	J	R
O	A	P	S	U	M	R	Z	N	S	S	W	E	A
C	T	F	R	I	T	J	R	E	N	T	R	A	P
I	S	Y	S	O	Č	K	U	L	T	U	R	N	I
J	O	M	C	Đ	B	N	O	E	C	V	T	J	A
A	D	R	P	I	G	A	I	E	L	H	T	J	L
M	A	K	O	R	E	O	G	R	A	F	I	J	A
T	R	A	D	I	C	I	O	N	A	L	A	N	O
B	S	P	O	K	R	E	T	G	V	Y	V	B	C

MILOST
IZRAŽAJAN
POKRET
KOREOGRAFIJA
EMOCIJA
RADOSTAN
DRŽANJE
KLASIČNI
TIJELO
KULTURA
KULTURNI
UMJETNOST
GLAZBA
PARTNER
PROBA
RITAM
SKOK
TRADICIONALAN
VIDNI

55 - Ernährung

A	P	E	T	I	T	P	R	O	B	A	V	A	K
V	R	E	N	J	E	V	I	T	A	M	I	N	V
G	A	I	M	A	K	E	H	U	B	G	W	B	A
Đ	O	I	D	P	R	O	T	E	I	N	I	Z	L
J	A	R	K	A	L	O	R	I	J	E	B	A	I
T	E	H	A	T	E	J	I	D	E	U	M	N	T
I	P	S	F	K	V	C	P	E	R	C	V	I	E
E	J	W	T	L	E	C	I	R	A	T	I	Ž	T
U	M	A	K	I	Z	D	R	A	V	L	J	E	A
F	A	T	S	Z	V	U	J	R	A	G	L	T	G
T	O	K	S	I	N	O	Đ	K	R	J	N	P	B
P	V	S	F	O	O	K	U	S	D	A	A	C	Z
G	C	N	I	S	P	D	T	E	Z	G	R	S	K
U	R	A	V	N	O	T	E	Ž	E	N	H	A	J

APETIT
URAVNOTEŽEN
GORAK
DIJETA
JESTIVO
VRENJE
OKUS
ZDRAV
ZDRAVLJE
ŽITARICE
TEŽINA
KALORIJE
HRANLJIV
DIO
PROTEINI
KVALITETA
UMAK
TOKSIN
PROBAVA
VITAMIN

56 - Länder #1

S	D	F	Đ	E	I	L	A	M	I	K	B	F	C
A	K	S	L	O	J	N	A	P	Š	B	K	A	V
L	A	T	V	I	J	A	D	L	I	Z	A	R	B
N	J	E	M	A	Č	K	A	I	T	A	N	I	I
V	E	N	E	Z	U	E	L	A	J	S	A	B	M
R	K	V	I	J	E	T	N	A	M	A	D	B	G
E	U	A	K	S	J	L	O	P	L	K	A	R	I
G	I	M	M	M	Z	D	F	N	T	Š	W	L	Đ
I	T	F	U	B	J	Y	L	A	G	E	N	E	S
P	A	I	T	N	O	N	G	B	Đ	V	S	A	S
A	L	N	M	A	J	D	Z	F	W	R	W	R	M
T	I	S	T	I	P	S	Ž	G	N	O	Đ	Z	F
F	J	K	D	K	P	V	K	A	H	N	R	I	C
J	A	A	Z	Y	A	V	G	A	R	A	K	I	N

EGIPAT
BRAZIL
NJEMAČKA
FINSKA
INDIJA
IRAK
IZRAEL
ITALIJA
KAMBODŽA
KANADA
LATVIJA
MALI
NIKARAGVA
NORVEŠKA
POLJSKA
RUMUNJSKA
SENEGAL
ŠPANJOLSKA
VENEZUELA
VIJETNAM

57 - Technologie

K	Z	T	S	O	N	R	U	G	I	S	W	S	V
U	I	N	T	E	R	N	E	T	S	T	R	O	I
R	N	O	O	A	K	E	T	O	T	A	D	F	R
S	L	L	O	E	D	K	J	Z	R	T	T	T	T
O	A	S	V	I	R	U	S	P	A	I	L	V	U
R	T	A	R	E	M	A	K	R	Ž	S	K	E	A
Y	I	Z	K	B	F	O	E	E	I	T	B	R	L
K	G	A	L	U	L	E	P	G	V	I	A	P	A
W	I	K	M	Y	R	O	N	L	A	K	J	O	N
I	D	I	M	M	M	O	G	E	N	A	T	D	S
U	B	R	W	R	N	F	P	D	J	G	O	A	Y
J	Z	P	V	R	J	I	G	N	E	O	V	C	O
R	A	Č	U	N	A	L	O	I	C	G	I	I	O
E	B	T	H	N	H	G	R	K	K	I	I	M	F

PRIKAZ
ZASLON
BLOG
PREGLEDNIK
BAJTOVI
RAČUNALO
KURSOR
DATOTEKA
PODACI
DIGITALNI
ISTRAŽIVANJE
INTERNET
KAMERA
PORUKA
SIGURNOST
SOFTVER
STATISTIKA
VIRTUALAN
VIRUS

58 - Science Fiction

G	P	L	A	N	E	T	A	C	G	Y	E	J	I
A	A	G	C	N	E	J	L	Š	I	M	A	Z	L
L	I	A	J	I	G	O	L	O	N	H	E	T	U
A	L	N	A	Č	I	T	S	A	T	N	A	F	Z
K	C	F	W	A	J	I	P	O	T	S	I	D	I
S	T	A	J	A	N	S	T	V	E	N	I	S	J
I	U	S	S	H	K	P	E	O	G	Đ	S	C	A
J	R	S	O	E	K	S	P	L	O	Z	I	J	A
A	O	V	N	N	I	I	Y	A	O	J	F	M	J
J	B	I	L	A	J	I	R	A	N	E	C	S	I
D	O	J	A	R	T	A	V	C	I	R	P	O	P
M	T	E	E	B	K	L	R	D	K	A	E	I	O
K	I	T	R	T	N	G	J	K	U	K	W	Y	T
F	U	T	U	R	I	S	T	I	Č	K	I	W	U

KNJIGE
DISTOPIJA
EKSPLOZIJA
KRAJNOST
FANTASTIČAN
VATRA
FUTURISTIČKI
GALAKSIJA
TAJANSTVENI
ILUZIJA
ZAMIŠLJEN
KINO
PLANETA
REALNO
ROBOTI
SCENARIJ
TEHNOLOGIJA
UTOPIJA
SVIJET

59 - Haustiere

S	H	V	D	I	A	D	J	L	O	Z	M	H	N
G	L	F	H	O	A	G	I	P	A	P	A	R	N
W	J	R	I	B	A	H	U	I	A	K	Č	A	M
S	T	I	R	P	Č	Đ	U	Š	P	A	E	N	O
P	G	G	K	S	A	P	O	I	T	C	G	A	O
K	E	B	O	B	J	V	Đ	M	O	E	P	A	Š
F	A	R	Z	E	N	E	T	Š	V	Z	R	H	T
L	D	N	A	L	R	T	W	O	R	L	U	R	W
D	O	C	D	E	O	E	A	V	A	R	K	Č	V
E	V	K	E	Ž	K	R	F	G	T	U	F	A	N
N	J	C	Y	Y	E	I	R	N	N	Y	R	K	F
R	W	W	J	C	Y	N	L	C	I	J	G	E	V
L	T	G	E	I	R	A	Z	B	K	Z	U	W	P
Z	V	J	N	G	F	R	L	W	C	P	U	N	O

GUŠTER
HRANA
RIBA
HRČAK
ZEC
PAS
MAČKA
MAČE
OVRATNIK
KANDŽE
KRAVA
MIŠ
PAPIGA
ŠAPE
KORNJAČA
REP
VETERINAR
VODA
ŠTENE
KOZA

60 - Literatur

D	A	Y	L	Đ	B	F	N	H	K	A	R	B	R
I	K	Č	I	N	S	E	J	P	F	U	I	I	W
J	W	O	D	O	P	K	H	T	I	T	M	O	S
A	R	O	F	A	T	E	M	R	K	O	A	G	V
L	T	P	N	K	K	V	A	A	C	R	J	R	R
O	A	O	J	K	O	C	T	G	I	Z	I	A	O
G	N	T	D	E	S	V	I	E	J	A	G	F	M
K	A	B	M	G	S	J	R	D	A	K	O	I	A
J	L	I	T	S	E	M	F	I	M	L	L	J	N
S	I	P	O	T	D	N	A	J	E	J	A	A	W
S	Z	G	B	L	R	O	A	A	T	U	N	Y	Y
W	A	P	U	N	Z	K	T	O	W	Č	A	W	P
U	S	P	O	R	E	D	B	A	C	A	S	H	T
B	Đ	P	P	G	U	V	B	S	R	K	Đ	A	B

ANALOGIJA
ANALIZA
ANEGDOTA
AUTOR
OPIS
BIOGRAFIJA
DIJALOG
FIKCIJA
PJESMA
METAFORA
PJESNIČKI
RIMA
RITAM
ROMAN
ZAKLJUČAK
STIL
TEMA
TRAGEDIJA
USPOREDBA

61 - Wandern

Ž	P	A	R	K	O	V	I	K	T	E	Š	K	A
I	V	K	V	U	V	O	T	Z	L	N	H	B	O
V	Č	A	O	M	P	L	S	H	W	I	F	L	R
O	I	M	D	O	J	W	O	G	I	C	M	P	I
T	Z	P	I	R	E	J	N	E	M	A	K	A	J
I	M	I	Č	N	M	M	S	S	Z	N	Đ	D	E
N	E	R	I	I	E	P	A	K	U	I	C	O	N
J	N	A	D	D	J	R	P	H	P	N	W	V	T
E	R	N	Z	I	I	I	O	L	R	A	C	L	A
K	B	J	U	V	R	P	F	I	I	L	Z	E	C
T	A	E	S	L	V	R	B	T	R	P	D	Y	I
J	T	R	G	J	H	E	Z	I	O	L	R	R	J
Y	P	H	T	I	C	M	L	C	D	U	T	S	A
I	R	B	B	A	A	A	G	A	A	Y	H	N	R

PLANINA
KAMPIRANJE
VODIČI
OPASNOSTI
KARTA
KLIMA
LITICA
UMORNI
PRIRODA
ORIJENTACIJA
PARKOVI
TEŠKA
SUNCE
KAMENJE
ČIZME
ŽIVOTINJE
PRIPREMA
VODA
VRIJEME
DIVLJI

62 - Länder #2

U	S	U	F	E	U	N	W	O	T	M	K	I	J
G	A	K	F	T	U	M	K	H	Z	E	E	I	S
A	K	R	A	I	G	R	Č	K	A	K	N	E	U
N	S	A	L	O	R	M	A	M	T	S	I	P	D
D	U	J	B	P	O	U	V	A	Y	I	J	A	A
A	C	I	A	I	P	B	S	P	H	K	A	K	N
Z	N	N	N	J	A	E	G	M	V	O	U	I	I
I	A	A	I	A	J	I	R	E	B	I	L	S	I
A	R	Đ	J	J	A	M	A	J	K	A	Y	T	H
N	F	S	A	V	V	J	T	O	E	B	M	A	A
C	L	O	K	G	A	J	I	R	E	G	I	N	I
N	N	A	P	A	J	R	Y	R	A	W	S	F	T
G	I	L	A	P	E	N	M	W	I	L	A	M	I
R	U	S	I	J	A	I	U	M	D	S	N	Đ	M

ALBANIJA
ETIOPIJA
FRANCUSKA
GRČKA
HAITI
IRSKA
JAMAJKA
JAPAN
KENIJA
LAOS
LIBERIJA
MEKSIKO
NEPAL
NIGERIJA
PAKISTAN
RUSIJA
SUDAN
SIRIJA
UGANDA
UKRAJINA

63 - Fahrzeuge

A	S	U	V	H	Z	Y	P	R	G	J	T	Y	D
E	I	R	P	T	E	M	U	G	V	P	R	E	T
U	Z	C	A	V	K	L	Đ	C	A	M	A	Č	B
J	K	R	E	K	I	Z	I	C	N	I	J	I	I
H	O	E	A	I	E	N	S	K	U	E	E	A	C
M	M	T	C	K	R	T	K	N	O	C	K	G	I
O	B	U	I	K	O	T	A	K	L	P	T	A	K
T	I	K	N	A	T	P	T	D	W	H	T	D	L
O	H	S	R	M	K	V	L	V	L	A	K	E	W
R	I	L	O	I	A	I	I	O	Z	S	O	E	R
N	F	U	M	O	R	O	C	B	V	A	L	P	S
D	Y	I	D	N	T	A	U	T	O	B	U	S	S
F	P	S	O	A	U	T	O	M	O	B	I	L	O
I	U	T	P	H	I	T	N	A	P	O	M	O	Ć

AUTOMOBIL
ČAMAC
AUTOBUS
BICIKL
TRAJEKT
SPLAV
ZRAKOPLOV
HELIKOPTER
HITNA POMOĆ
KAMION
MOTOR
RAKETA
GUME
SKUTER
TAKSI
TRAKTOR
PODMORNICA
KOMBI
VLAK

64 - Musikinstrumente

F	T	K	H	G	K	M	E	B	E	K	V	S	M
G	F	P	A	I	G	A	S	G	Y	L	F	A	A
B	P	I	R	T	T	N	D	A	S	A	L	K	R
E	E	G	F	A	R	D	F	D	M	V	A	S	I
V	Y	N	A	R	U	O	U	A	Y	I	U	O	M
I	K	O	D	A	B	L	O	P	G	R	T	F	B
O	O	G	L	Ž	A	I	J	O	B	O	A	O	A
L	T	B	M	P	O	N	V	G	U	O	T	N	Z
I	B	C	O	F	U	A	T	S	B	W	O	I	Y
N	S	K	L	A	E	K	J	L	A	R	A	D	U
A	K	L	A	R	I	N	E	T	N	H	T	M	K
H	A	R	M	O	N	I	K	A	J	U	K	S	E
V	I	O	L	O	N	Č	E	L	O	E	O	H	A
O	T	B	W	N	T	R	O	M	B	O	N	U	U

BENDŽO
VIOLONČELO
FAGOT
FLAUTA
VIOLINA
GITARA
GONG
HARFA
KLARINET
KLAVIR
MANDOLINA
MARIMBA
HARMONIKA
OBOA
TROMBON
SAKSOFON
UDARALJKE
BUBANJ
TRUBA

65 - Blumen

G	D	G	A	D	N	A	V	A	L	W	Đ	E	W
B	N	A	J	L	I	J	L	T	F	Đ	U	C	C
Đ	U	W	I	F	M	Y	A	H	C	A	O	Đ	M
H	D	K	R	N	Z	S	H	Đ	A	Ž	U	R	A
P	B	Đ	E	T	E	R	K	O	C	N	U	S	G
R	K	N	M	T	T	U	A	R	I	G	D	D	N
Đ	W	V	U	W	B	Ž	Č	H	Č	A	J	O	O
O	M	I	L	W	V	O	A	I	N	R	E	C	L
E	A	I	P	C	G	B	L	D	I	D	T	P	I
M	J	A	S	M	I	N	S	E	T	E	E	F	J
I	A	C	I	T	A	L	A	J	A	N	L	N	A
O	L	K	N	U	C	Y	M	A	R	I	I	R	M
Y	I	J	N	A	P	I	L	U	T	J	N	C	E
O	L	H	I	B	I	S	K	U	S	A	A	S	T

LATICA
GARDENIJA
TRATINČICA
HIBISKUS
JASMIN
DJETELINA
LAVANDA
LILA
LJILJAN
MASLAČAK
MAGNOLIJA
MAK
ORHIDEJA
BOŽUR
PLUMERIJA
RUŽA
SUNCOKRET
BUKET
TULIPAN

66 - Natur

I	G	E	N	I	L	V	I	I	N	P	D	H	S
Z	V	N	J	O	M	J	J	K	O	Č	I	I	V
P	L	A	N	I	N	E	E	S	U	E	V	A	E
K	I	T	K	R	A	P	B	P	M	L	L	M	T
W	D	I	N	E	O	T	B	O	O	E	J	A	I
W	E	B	A	D	J	V	Đ	R	V	T	I	G	Š
M	I	R	N	O	Z	I	Š	T	N	P	A	L	T
P	J	N	H	Z	B	W	R	U	W	R	J	A	E
L	E	D	E	N	J	A	K	P	M	C	I	L	R
Ž	I	V	O	T	I	N	J	E	I	A	Z	I	S
S	K	L	O	N	I	Š	T	E	Đ	L	O	Š	Z
D	I	N	A	M	I	Č	A	N	U	F	R	Ć	C
P	U	S	T	I	N	J	A	Y	Đ	K	E	E	G
S	P	O	K	O	J	A	N	S	S	F	B	S	M

ARKTIK
PLANINE
PČELE
DINAMIČAN
EROZIJA
RIJEKA
MIRNO
LEDENJAK
SVETIŠTE
SPOKOJAN
LIŠĆE
BITAN
MAGLA
LJEPOTA
SKLONIŠTE
ŽIVOTINJE
TROPSKI
ŠUMA
DIVLJI
PUSTINJA

67 - Urlaub #2

Z	M	O	H	O	V	C	I	Z	O	Đ	S	J	H
T	R	O	W	T	T	L	K	C	D	K	T	B	V
A	J	A	Z	I	V	O	A	I	R	H	R	V	E
K	K	C	Č	P	I	F	K	K	E	Đ	A	G	E
S	U	I	M	N	M	O	R	E	D	I	N	J	M
I	E	N	Š	A	A	I	E	N	I	N	A	L	P
G	J	V	A	R	Ž	L	Y	S	Š	A	C	V	W
I	I	O	T	O	A	E	U	Đ	T	R	Z	J	M
F	B	T	O	T	L	T	K	K	E	T	N	K	V
J	G	U	R	S	P	O	C	N	A	S	J	F	J
H	S	P	W	E	A	H	K	A	R	T	A	Đ	J
E	J	N	A	R	I	P	M	A	K	Z	B	Z	R
P	R	I	J	E	V	O	Z	O	D	M	O	R	T
P	U	T	O	V	A	N	J	E	N	V	W	C	A

STRANAC
STRANI
PLANINE
KAMPIRANJE
ZRAČNA LUKA
HOTEL
OTOK
KARTA
MORE
PUTOVNICA
PUTOVANJE
RESTORAN
PLAŽA
TAKSI
PRIJEVOZ
ODMOR
VIZA
ŠATOR
ODREDIŠTE
VLAK

68 - Zirkus

P	F	F	Y	J	G	L	N	Š	Z	I	P	D	M
U	A	R	I	Z	B	B	M	A	D	W	E	B	V
Č	F	R	F	E	J	N	I	T	O	V	I	Ž	Y
A	A	A	A	U	Z	G	T	O	N	A	H	M	B
R	K	G	G	D	Z	S	S	R	I	L	A	P	H
O	R	I	B	L	A	R	O	M	A	G	I	J	A
B	O	T	B	Y	A	G	K	G	M	I	K	G	Ž
N	B	K	T	A	W	Z	Đ	I	A	C	I	E	O
J	A	S	Z	D	U	E	B	I	J	W	L	S	N
A	T	M	U	A	I	A	Z	A	M	I	F	L	G
K	U	L	A	Z	N	I	C	A	U	T	I	O	L
B	W	B	B	K	L	A	U	N	N	K	R	N	E
P	O	K	A	Z	A	T	I	L	W	V	D	I	R
Z	A	B	A	V	L	J	A	T	I	E	N	C	K

MAJMUN
AKROBAT
KLAUN
SLON
ULAZNICA
ŽONGLER
KOSTIM
LAV
MAGIJA
GLAZBA
PARADA
ŽIVOTINJE
TIGAR
TRIK
ZABAVLJATI
ČAROBNJAK
POKAZATI
ŠATOR

69 - Barbecues

U	M	A	K	K	U	H	A	N	J	E	N	Z	A
P	N	U	L	A	Z	K	C	W	L	Ć	O	B	B
S	A	Z	V	Č	C	D	E	V	E	R	Ž	P	O
E	A	P	J	U	R	V	J	Z	T	V	E	Z	B
B	L	L	A	R	I	G	D	P	I	O	V	W	I
H	J	E	A	R	R	T	J	A	B	P	I	A	B
H	A	N	I	T	E	L	I	P	O	U	U	Y	M
G	L	A	D	G	E	R	G	I	T	W	H	W	S
J	C	E	C	I	L	I	V	N	E	V	A	Y	G
Y	O	E	D	N	O	A	Y	G	J	E	R	L	L
R	Đ	Ć	Z	M	S	N	Z	T	L	Č	Đ	N	E
Đ	G	U	R	Y	U	N	G	B	U	E	V	S	Đ
K	W	R	O	Š	T	I	L	J	A	R	H	J	Đ
R	H	V	U	V	O	Ć	E	H	A	A	W	P	V

VEČERA
OBITELJ
VOĆE
VILICE
POVRĆE
ROŠTILJ
VRUĆE
PILETINA
GLAD
DJECA
KUHANJE
NOŽEVI
RUČAK
GLAZBA
PAPAR
SALATE
SOL
LJETO
UMAK
IGRE

70 - Schach

K	R	A	L	J	I	C	A	W	I	H	O	A	G
D	I	J	A	G	O	N	A	L	A	G	L	L	Ž
O	P	V	T	N	B	I	J	E	L	I	R	B	R
V	A	R	E	N	R	O	O	K	I	M	G	A	T
L	M	I	S	K	A	C	M	Č	V	K	Z	I	V
N	E	J	T	Y	F	V	R	O	A	I	H	R	O
T	T	E	R	I	N	R	U	T	R	N	T	E	V
C	A	M	A	R	F	F	W	J	P	V	M	W	A
I	N	E	T	I	P	J	R	V	Đ	I	H	R	T
G	U	B	E	J	N	A	C	E	J	T	A	N	I
R	Č	C	G	P	A	S	I	V	N	O	F	T	H
A	I	D	I	V	F	K	K	Đ	R	R	I	R	D
Č	T	J	J	L	A	R	K	K	A	P	P	H	L
G	I	D	A	P	R	V	A	K	T	F	T	V	M

PRVAK
DIJAGONALA
PROTIVNIK
PAMETAN
KRALJ
KRALJICA
UČITI
ŽRTVOVATI
PASIVNO
TOČKE
PRAVILA
CRNA
IGRA
IGRAČ
STRATEGIJA
TURNIR
BIJELI
NATJECANJE
VRIJEME

71 - Geographie

G	A	T	V	E	M	O	U	J	E	I	G	Y	O
Z	K	S	N	E	M	E	U	D	A	M	J	H	C
T	T	E	J	I	V	S	R	W	K	O	T	O	E
T	N	O	H	G	I	D	Z	I	D	R	B	U	A
H	E	M	I	S	F	E	R	A	D	E	U	Z	N
V	N	D	P	S	R	Z	E	J	A	I	A	T	C
I	I	E	S	V	K	T	V	I	A	Z	J	P	K
S	T	Đ	K	G	O	Y	E	G	T	A	L	A	V
I	N	V	A	V	Š	O	J	E	L	P	M	K	N
N	O	R	A	W	A	I	S	R	A	A	E	E	C
A	K	P	E	C	M	T	R	V	S	D	Z	J	S
P	L	A	N	I	N	A	O	I	E	E	C	I	Y
P	O	D	R	U	Č	J	E	R	N	E	N	R	S
K	A	R	T	A	J	F	O	D	D	A	R	G	Đ

ATLAS
EKVATOR
PLANINA
ŠIRINA
RIJEKA
PODRUČJE
HEMISFERA
VISINA
OTOK
KARTA
KONTINENT
ZEMLJA
MORE
MERIDIJAN
SJEVER
OCEAN
REGIJA
GRAD
SVIJET
ZAPAD

72 - Zahlen

D	V	A	N	A	E	S	T	T	Č	S	A	F	N
P	T	S	A	L	R	G	M	R	E	S	P	E	T
P	E	T	N	A	E	S	T	I	T	V	W	D	D
Y	S	S	V	S	C	S	S	N	R	Đ	E	S	E
S	E	D	A	M	Đ	G	E	A	N	V	N	D	V
D	D	A	Y	A	T	D	A	E	A	L	U	N	E
E	A	B	T	S	E	A	N	S	E	Š	N	D	T
C	V	H	F	O	T	O	M	T	S	E	Š	E	N
I	D	N	Y	S	H	V	A	E	T	Y	D	S	A
M	S	K	R	A	L	Đ	D	C	G	G	W	E	E
A	P	Y	I	T	A	V	E	O	K	J	Z	T	S
L	K	I	J	N	B	F	S	K	N	A	K	T	T
A	T	R	I	P	D	V	A	Č	E	T	I	R	I
M	O	S	A	M	N	A	E	S	T	N	S	I	U

OSAM
OSAMNAEST
DECIMALA
TRI
TRINAEST
PET
PETNAEST
DEVET
DEVETNAEST
NULA

ŠEST
ŠESNAEST
SEDAM
SEDAMNAEST
ČETIRI
ČETRNAEST
DESET
DVADESET
DVA
DVANAEST

73 - Kunst Liefert

B	O	J	I	C	E	G	S	T	A	L	A	K	E
H	U	R	Y	D	J	L	I	R	K	A	O	L	P
F	L	D	N	O	L	I	P	E	J	L	W	T	O
E	C	F	T	Č	U	N	E	J	L	G	U	S	S
O	W	D	U	E	M	A	T	N	I	T	F	P	L
M	E	O	W	T	J	R	A	K	T	S	O	C	Y
U	K	H	L	K	U	E	Y	H	N	T	Z	A	J
Y	V	E	A	E	O	M	D	R	D	O	Đ	Z	T
B	O	J	E	Z	H	A	A	I	J	L	Z	L	K
O	L	I	Z	B	G	K	I	P	F	I	R	E	T
Đ	O	B	R	I	S	A	Č	A	B	C	E	S	T
J	K	S	O	P	T	M	D	P	A	A	O	I	S
K	R	E	A	T	I	V	N	O	S	T	Y	E	A
Y	M	K	Y	F	F	F	E	V	V	R	S	S	T

AKRIL
OLOVKE
BOJICE
ČETKE
BOJE
UGLJEN
IDEJE
KAMERA
KREATIVNOST
LJEPILO
ULJE
PAPIR
BRISAČ
STALAK
STOLICA
STOL
TINTA
GLINA
VODA

74 - Tage und Monate

W	J	T	S	O	K	S	R	I	J	E	D	A	Đ
C	R	N	G	I	N	O	T	W	P	O	E	V	M
I	A	A	O	O	J	C	L	S	U	B	O	T	A
O	D	D	D	S	N	E	B	O	U	M	G	S	Č
Č	N	E	I	N	A	S	Č	C	V	M	T	T	A
L	E	J	N	A	P	E	K	A	R	O	T	U	J
I	L	T	A	J	I	J	B	N	N	U	Z	D	L
S	A	O	V	U	L	M	Y	I	S	J	J	E	E
T	K	K	V	R	S	T	O	S	U	S	E	N	V
O	P	P	O	C	T	K	H	O	Y	G	Y	I	I
P	M	E	K	J	N	A	P	R	S	R	C	D	J
A	S	I	A	F	T	L	K	P	P	E	T	A	K
D	N	E	D	J	E	L	J	A	N	H	J	M	T
P	O	N	E	D	J	E	L	J	A	K	N	K	K

KOLOVOZ
PROSINAC
UTORAK
ČETVRTAK
VELJAČA
PETAK
GODINA
SIJEČANJ
SRPANJ
LIPANJ
KALENDAR
SRIJEDA
MJESEC
PONEDJELJAK
STUDENI
LISTOPAD
SUBOTA
RUJAN
NEDJELJA
TJEDAN

75 - Das Unternehmen

P	P	R	O	I	Z	V	O	D	O	H	I	R	P
R	P	P	O	S	L	O	V	A	N	J	E	F	L
E	I	L	M	O	G	U	Ć	N	O	S	T	K	A
Z	N	K	A	Y	U	L	A	G	A	N	J	E	J
E	I	O	H	Ć	F	K	R	E	S	U	R	S	I
N	N	N	D	D	E	C	I	N	I	D	E	J	R
T	O	L	A	L	G	P	U	U	C	O	K	N	T
A	V	A	Z	P	U	J	S	G	I	S	T	Z	S
C	A	B	F	Đ	R	K	Y	L	Z	I	Y	V	U
I	T	O	M	S	Đ	E	A	E	I	F	L	N	D
J	I	L	P	Z	B	I	D	D	R	F	O	T	N
A	V	G	I	N	V	I	T	A	E	R	K	F	I
K	A	B	O	S	Đ	F	O	V	K	G	W	Đ	V
L	N	K	V	A	L	I	T	E	T	A	C	R	I

JEDINICE
PRIHOD
ODLUKA
NAPREDAK
POSLOVANJE
GLOBALNO
INDUSTRIJA
INOVATIVAN
ULAGANJE
KREATIVNI
PLAĆE
MOGUĆNOST
PREZENTACIJA
PROIZVOD
KVALITETA
RESURSI
RIZICI
UGLED

76 - Kräuterkunde

E	M	K	F	U	T	S	A	S	T	O	J	A	K
B	A	O	U	E	E	C	R	R	O	U	S	T	H
P	Ž	P	N	L	J	V	H	P	F	W	U	I	I
R	U	Đ	Y	W	I	G	K	K	D	F	E	M	B
U	R	C	J	V	V	N	I	Š	R	E	P	I	B
Ž	A	Z	R	W	C	S	A	Z	L	R	L	J	P
M	N	A	R	F	A	Š	U	R	E	S	G	A	B
A	T	E	T	I	L	A	V	K	S	L	O	N	O
R	K	D	R	A	G	U	L	J	O	K	E	Z	S
I	O	W	V	Č	E	Š	N	J	A	K	I	N	I
N	P	K	O	R	I	S	N	O	W	D	Z	G	L
U	A	D	N	A	V	A	L	U	Z	B	C	B	J
S	R	C	U	A	R	O	M	A	T	S	K	I	A
K	O	M	O	R	A	Č	P	U	B	O	U	Y	K

AROMATSKI
BOSILJAK
CVIJET
KOPAR
DRAGULJ
KOMORAČ
VRT
OKUS
ZELEN
ČEŠNJAK
KULINARSKI
LAVANDA
MAŽURAN
PERŠIN
KVALITETA
RUŽMARIN
ŠAFRAN
TIMIJAN
KORISNO
SASTOJAK

77 - Tugenden #1

R	C	W	H	Y	L	Č	I	S	T	U	Z	E	I
A	N	S	I	V	A	Z	E	N	S	M	N	F	N
P	U	V	J	E	R	E	N	A	S	J	A	I	T
S	R	N	Đ	M	F	B	E	T	O	E	T	K	E
T	A	A	S	C	U	T	Z	N	D	T	I	A	L
R	B	Š	K	M	O	D	O	A	L	N	Ž	S	I
A	O	U	B	T	I	M	A	M	U	I	E	A	G
S	D	D	Đ	H	I	J	F	R	Č	Č	L	N	E
A	N	O	S	S	S	Č	E	A	N	K	J	A	N
N	R	K	L	D	C	M	A	Š	O	I	A	D	T
B	H	I	I	M	E	E	Y	N	N	H	N	Z	A
L	T	L	S	K	R	O	M	A	N	O	T	U	N
T	N	E	J	I	C	A	P	O	W	G	F	O	G
P	V	V	K	O	R	I	S	T	A	N	B	P	I

SKROMAN
ŠARMANTAN
EFIKASAN
ODLUČNO
PACIJENT
VELIKODUŠAN
DOBAR
KORISTAN
INTELIGENTAN
SMIJEŠNO
UMJETNIČKI
STRASAN
ZNATIŽELJAN
PRAKTIČAN
ČIST
NEZAVISNA
MUDAR
POUZDAN
UVJEREN

78 - Aktivitäten und Freizeit

N	Đ	M	N	Z	N	K	L	T	G	S	I	C	O
W	I	J	I	B	O	H	W	H	E	I	M	T	P
W	S	W	A	S	G	O	Z	P	V	N	W	B	U
B	R	A	K	J	O	B	D	O	R	S	I	K	Š
Z	O	Đ	I	U	M	P	Y	E	T	U	F	S	T
W	O	K	L	C	E	C	O	P	L	R	D	R	A
W	A	E	S	R	T	W	Z	L	A	F	A	A	N
K	O	Š	A	R	K	A	B	I	R	A	L	D	J
P	U	T	O	V	A	T	I	V	S	N	H	O	E
B	E	J	Z	B	O	L	N	A	T	J	N	Y	G
V	Y	O	N	D	E	Đ	R	N	V	E	M	E	W
J	T	V	T	N	K	K	O	J	O	C	S	F	Đ
B	L	D	A	F	E	J	N	E	J	N	O	R	M
U	M	J	E	T	N	O	S	T	T	B	U	O	Z

BEJZBOL
KOŠARKA
BOKS
OPUŠTANJE
NOGOMET
VRTLARSTVO
SLIKA
GOLF
HOBIJI
UMJETNOST
PUTOVATI
PLIVANJE
SURFANJE
RONJENJE
TENIS
ODBOJKA

79 - Formen

P	R	Đ	Y	A	Z	K	H	S	H	Đ	E	T	P
I	K	U	K	B	R	T	I	T	L	U	K	Z	R
R	Z	T	B	R	P	N	P	R	H	Y	I	R	I
A	W	T	S	O	U	O	E	A	K	C	O	K	Z
M	W	E	F	Đ	V	G	R	N	Đ	R	D	H	M
I	H	L	E	H	D	I	B	A	H	W	U	K	A
D	O	I	R	U	L	L	O	A	Đ	D	P	Đ	U
A	V	P	A	E	I	O	L	K	O	N	U	S	Z
T	A	S	O	V	Y	P	A	T	W	Z	M	V	Y
C	L	A	T	C	V	P	T	U	R	N	D	O	O
C	A	J	L	U	V	I	R	K	L	O	I	W	D
M	N	U	H	T	E	A	C	A	M	R	K	Z	I
S	R	D	K	V	A	D	R	A	T	H	C	U	Đ
P	R	A	V	O	K	U	T	N	I	K	J	U	T

LUK
TROKUT
KUT
ELIPSA
HIPERBOLA
RUBOVI
KONUS
KRUG
SFERA
KRIVULJA
CRTA
OVALAN
POLIGON
PRIZMA
PIRAMIDA
KVADRAT
PRAVOKUTNIK
STRANA
KOCKA

80 - Musik

H	A	R	M	O	N	I	J	S	K	I	S	S	K
K	H	C	K	I	N	E	B	Z	A	L	G	J	L
I	T	A	R	I	Z	I	V	O	R	P	M	I	A
N	O	F	O	R	K	I	M	N	E	M	U	K	S
S	R	I	T	M	I	Č	A	N	P	E	B	S	I
T	M	A	O	B	M	S	Đ	H	O	L	L	R	Č
R	Z	J	O	P	M	E	T	T	P	O	A	I	N
U	P	B	U	B	A	L	A	D	A	D	C	L	I
M	L	J	O	Z	T	B	V	T	O	I	U	T	F
E	M	C	E	R	I	T	A	V	E	J	P	W	B
N	V	J	D	V	R	K	O	D	D	A	L	K	S
T	E	C	D	Y	A	N	L	Z	K	C	Y	I	L
G	L	H	G	P	V	Č	J	C	W	R	K	E	W
P	J	E	S	N	I	Č	K	I	I	B	L	O	E

ALBUM
BALADA
ZBOR
SKLAD
HARMONIJSKI
IMPROVIZIRATI
INSTRUMENT
KLASIČNI
LIRSKI
MELODIJA
MIKROFON
MJUZIKL
GLAZBENIK
OPERA
PJESNIČKI
RITMIČAN
RITAM
PJEVAČ
PJEVATI
TEMPO

81 - Antiquitäten

S	T	O	L	J	E	Ć	E	E	C	A	Y	U	S
W	D	D	O	U	N	T	G	S	T	U	R	M	D
H	L	F	M	H	P	H	A	K	F	T	J	J	N
E	E	K	I	L	S	K	L	U	C	E	K	E	E
J	N	L	I	T	S	J	E	L	I	N	V	T	O
N	M	T	E	V	D	C	R	P	J	T	K	N	B
A	A	C	U	G	F	H	I	T	E	I	V	O	I
G	U	K	J	Z	A	L	J	U	N	Č	A	S	Č
A	U	R	I	K	I	N	A	R	A	N	L	T	N
L	J	P	P	T	A	J	T	A	N	O	I	P	O
U	G	V	E	S	T	W	A	A	I	R	T	S	Y
U	K	R	A	S	N	O	U	S	N	R	E	T	Đ
N	A	M	J	E	Š	T	A	J	T	N	T	A	J
J	K	O	V	A	N	I	C	E	M	A	A	R	T

STAR
AUTENTIČNO
UKRASNO
ELEGANTAN
ENTUZIJASTA
GALERIJA
SLIKE
ULAGANJE
STOLJEĆE
UMJETNOST
NAMJEŠTAJ
KOVANICE
CIJENA
KVALITETA
NAKIT
SKULPTURA
STIL
NEOBIČNO

82 - Adjektive #2

Z	O	N	D	O	R	I	R	P	V	I	P	P	Z
N	A	D	E	Đ	T	S	D	B	E	Z	V	O	D
O	K	N	G	M	Y	G	H	Đ	J	F	S	Z	R
R	R	A	I	O	S	V	P	P	B	F	J	N	A
M	E	Č	N	M	V	O	P	I	S	N	I	A	V
A	A	I	V	S	L	O	V	K	K	A	J	T	J
L	T	T	I	L	K	J	R	O	I	S	G	I	E
A	I	A	T	A	J	G	I	A	N	O	O	Z	S
N	V	M	K	N	N	P	D	V	N	N	W	N	T
K	N	A	U	S	V	J	E	Ž	E	O	C	L	I
I	I	R	D	D	I	V	L	J	I	P	C	B	V
Y	H	D	O	W	E	G	L	A	D	A	N	T	O
B	O	I	R	E	L	E	G	A	N	T	A	N	W
Y	U	Y	P	A	U	T	E	N	T	I	Č	N	O

AUTENTIČNO
POZNATI
OPISNI
DRAMATIČAN
ELEGANTAN
JESTIVO
SVJEŽE
ZDRAV
GLADAN
ZANIMLJIV
KREATIVNI
PRIRODNO
NOVO
NORMALAN
PRODUKTIVNI
SLAN
JAK
PONOSAN
ODGOVORAN
DIVLJI

83 - Kleidung

P	R	U	C	F	Š	C	O	N	A	K	I	T	H
E	I	H	O	Đ	E	I	G	K	A	P	U	T	L
J	G	D	I	K	Š	P	R	Đ	H	Y	O	H	A
M	P	D	Ž	G	I	E	L	A	Š	D	J	O	Č
T	W	R	V	A	R	L	I	W	P	W	I	J	E
K	R	M	Z	D	M	A	C	O	Y	K	W	S	Đ
O	Y	A	Y	O	D	A	A	N	I	J	L	A	H
Š	O	J	P	M	N	U	N	W	R	P	T	M	D
U	E	N	F	E	I	F	K	P	O	J	A	S	Ž
L	U	K	S	L	R	Z	A	K	D	M	Z	E	E
J	E	U	J	F	Z	I	J	I	L	A	U	V	M
A	C	S	K	E	F	G	C	A	N	A	L	V	P
R	U	K	A	V	I	C	E	E	E	U	B	B	E
O	L	N	A	R	U	K	V	I	C	A	D	U	R

NARUKVICA
BLUZA
POJAS
OGRLICA
RUKAVICE
KOŠULJA
HLAČE
ŠEŠIR
JAKNA
TRAPERICE
HALJINA
KAPUT
MODA
DŽEMPER
SUKNJA
ŠAL
PIDŽAMA
NAKIT
CIPELA

84 - Haus

S	T	T	P	C	P	Đ	T	F	N	Y	J	T	M
P	H	U	O	N	A	M	J	E	Š	T	A	J	E
A	H	Š	T	S	A	B	H	V	O	D	R	S	T
V	W	K	K	K	C	P	K	R	G	I	A	V	L
A	K	N	R	V	U	C	K	A	R	M	J	Y	A
Ć	R	J	O	C	F	H	K	T	A	N	D	A	Z
A	O	I	V	T	C	B	I	A	D	J	C	O	I
S	V	Ž	L	S	D	B	E	N	A	A	T	D	D
O	Z	N	J	V	T	G	N	O	J	K	V	V	W
B	Y	I	E	K	Y	R	S	A	Ž	A	R	A	G
A	Đ	C	K	F	B	C	O	D	F	M	O	R	J
U	F	A	K	A	M	I	N	P	J	J	F	L	D
P	R	O	Z	O	R	O	G	L	E	D	A	L	O
S	V	J	E	T	I	L	J	K	A	B	O	S	P

METLA
KNJIŽNICA
KROV
POTKROVLJE
STROP
TUŠ
PROZOR
GARAŽA
VRT
KAMIN
KUHINJA
SVJETILJKA
NAMJEŠTAJ
SPAVAĆA SOBA
DIMNJAK
OGLEDALO
VRATA
ZID
OGRADA
SOBA

85 - Bauernhof #1

P	S	C	A	R	A	G	A	M	V	O	D	A	U
O	A	N	A	R	V	N	A	M	Z	K	W	V	P
L	P	N	Y	G	S	O	K	B	M	R	D	H	Đ
J	T	O	C	B	D	J	N	O	K	C	Y	K	D
O	E	E	L	A	N	I	T	E	L	I	P	F	T
P	T	N	L	J	Y	V	T	U	M	A	Č	K	A
R	Š	C	B	E	E	O	S	P	C	J	Z	Đ	V
I	I	P	K	O	Z	A	I	S	D	N	R	F	A
V	J	Đ	Č	P	M	A	J	U	S	I	I	L	R
R	L	K	D	E	N	L	E	A	L	V	Ž	U	K
E	M	I	V	P	L	D	N	R	N	S	A	T	I
D	E	M	N	C	C	A	O	O	G	R	A	D	A
A	Z	R	B	V	E	D	U	E	N	V	G	O	E
W	S	P	I	A	B	U	B	Z	S	Z	O	F	M

PČELA
GNOJIVO
MAGARAC
POLJE
SIJENO
MED
PILETINA
PAS
TELE
MAČKA
VRANA
KRAVA
ZEMLJIŠTE
POLJOPRIVREDA
KONJ
RIŽA
SVINJA
VODA
OGRADA
KOZA

86 - Regierung

R	I	N	O	K	A	Z	I	K	D	P	G	U	R
I	L	Đ	E	G	R	A	Đ	A	N	S	K	I	A
D	D	A	V	Z	G	D	I	O	C	E	F	P	S
N	R	A	H	Đ	A	D	O	B	O	L	S	O	P
P	A	Ž	O	F	G	V	A	T	S	U	E	L	R
R	N	R	A	Đ	J	G	I	T	K	A	V	I	A
A	O	R	O	V	O	G	K	S	I	U	F	T	V
V	W	T	U	D	A	U	S	O	N	N	C	I	A
D	C	P	Đ	R	R	R	D	K	E	O	Z	K	S
A	I	N	W	Z	O	K	U	A	M	N	S	A	I
V	O	Đ	A	F	L	O	S	N	O	R	R	T	M
A	M	O	H	Y	Z	I	B	D	P	I	O	T	B
R	O	G	H	W	C	W	V	E	S	M	I	K	O
P	O	C	I	R	Y	C	O	J	Đ	M	Y	W	L

OKRUG
SPOMENIK
RASPRAVA
SLOBODA
MIRNO
VOĐA
PRAVDA
ZAKON
JEDNAKOST
SUDSKI
NAROD
POLITIKA
PRAVA
GOVOR
DRŽAVA
SIMBOL
NEZAVISNOST
USTAV
GRAĐANSKI

87 - Berufe #1

A	S	T	R	O	N	O	M	A	R	G	W	A	U
M	K	P	B	U	M	T	S	G	A	L	C	V	R
K	R	L	A	D	I	U	R	O	Č	A	R	D	E
O	O	E	N	M	R	G	A	L	U	Z	T	M	D
D	J	S	K	F	O	D	N	O	N	B	L	E	N
V	A	A	A	K	D	W	I	E	O	E	I	H	I
J	Č	Č	R	I	A	K	R	G	V	N	J	A	K
E	R	I	E	N	S	R	E	O	O	I	E	N	F
T	A	C	N	T	A	A	T	L	Đ	K	Č	I	Y
N	P	A	E	E	B	T	E	O	A	L	N	Č	L
I	R	M	R	J	M	A	V	H	G	B	I	A	O
K	D	J	T	M	A	L	M	I	I	R	K	R	V
U	D	K	R	U	W	Z	T	S	O	C	A	M	A
P	I	J	A	N	I	S	T	P	E	I	N	F	C

LIJEČNIK
ASTRONOM
BANKAR
AMBASADOR
RAČUNOVOĐA
UREDNIK
GEOLOG
LOVAC
ZLATAR
KARTOGRAF
UMJETNIK
MEHANIČAR
GLAZBENIK
PIJANIST
PSIHOLOG
ODVJETNIK
KROJAČ
PLESAČICA
VETERINAR
TRENER

88 - Adjektive #1

F	Đ	N	A	R	E	D	O	M	H	F	Y	B	A
Y	D	G	J	J	H	N	E	Š	R	V	A	S	T
A	P	S	O	L	U	T	A	N	N	A	O	U	R
O	V	V	A	K	T	I	V	A	N	K	K	M	A
U	S	P	O	R	I	T	I	D	I	Š	O	J	K
Z	N	A	I	E	S	A	C	E	V	E	B	E	T
U	A	O	R	S	L	Y	W	J	E	T	U	T	I
N	M	N	T	O	K	F	C	I	N	V	D	N	V
Y	O	P	D	T	M	R	A	R	C	A	V	I	A
S	R	E	T	A	N	A	E	V	P	Ž	Đ	Č	N
U	G	J	I	W	P	B	T	N	Z	N	Đ	K	Y
V	O	I	S	U	M	A	A	S	Z	O	O	I	W
D	O	L	F	K	S	Z	L	Đ	K	A	N	A	T
I	D	E	N	T	I	Č	A	N	G	I	E	I	T

APSOLUTAN
AKTIVAN
AROMATSKI
ATRAKTIVAN
MRAK
TANAK
ISKREN
SRETAN
IDENTIČAN
UMJETNIČKI
USPORITI
MODERAN
SAVRŠEN
OGROMAN
LIJEP
TEŠKA
DUBOKO
NEVIN
VRIJEDAN
VAŽNO

89 - Geometrie

A	I	H	P	D	I	M	E	N	Z	I	J	A	G
N	A	V	R	F	N	R	G	N	H	I	O	M	C
I	J	I	O	T	E	O	R	I	J	A	R	R	L
Š	I	S	M	F	T	Đ	G	J	V	A	B	N	O
R	C	I	J	P	A	R	A	L	E	L	N	O	G
V	R	N	E	N	R	U	J	T	S	J	Y	R	I
O	O	A	R	U	D	U	L	Z	I	E	P	J	K
P	P	D	Y	Č	A	K	U	J	M	D	W	O	A
M	O	N	O	A	V	U	V	E	E	N	D	E	G
A	R	G	U	R	K	T	I	N	T	A	M	T	N
L	P	P	K	Z	A	F	R	N	R	D	A	N	F
H	A	G	O	I	S	V	K	B	I	Ž	S	K	C
S	E	G	M	E	N	T	A	N	J	B	A	W	J
T	R	O	K	U	T	A	I	N	A	A	N	M	V

PROPORCIJA
IZRAČUN
DIMENZIJA
TROKUT
PROMJER
JEDNADŽBA
VODORAVAN
VISINA
KRUG
KRIVULJA
LOGIKA
MASA
BROJ
POVRŠINA
PARALELNO
KVADRAT
SEGMENT
SIMETRIJA
TEORIJA
KUT

90 - Jazz

P	T	G	P	P	J	E	S	M	A	A	K	R	S
L	E	L	T	O	V	S	O	L	O	L	O	G	K
J	H	A	M	B	Z	R	A	G	C	B	N	N	L
E	N	Z	V	B	Y	N	U	A	R	U	C	E	A
S	I	B	K	N	I	A	A	S	L	M	E	B	D
A	K	E	K	B	N	Ž	Y	T	U	G	R	S	A
K	A	N	V	R	O	K	H	I	I	Đ	T	I	T
A	J	I	C	A	Z	I	V	O	R	P	M	I	E
T	U	C	N	T	S	N	Đ	R	I	T	A	M	L
A	B	I	P	S	B	T	N	A	W	O	B	D	J
L	H	Đ	T	E	S	E	N	T	Y	G	Z	N	M
E	C	B	I	K	T	J	K	S	T	B	A	O	Y
N	B	K	Đ	R	I	M	Z	H	Đ	C	L	D	O
T	Z	M	L	O	L	U	N	O	V	O	G	W	K

ALBUM
STAR
PLJESAK
POZNATI
ŽANR
IMPROVIZACIJA
SKLADATELJ
KONCERT
UMJETNIK
PJESMA
GLAZBA
GLAZBENICI
NOVO
ORKESTAR
RITAM
SOLO
STIL
TALENT
TEHNIKA

91 - Mathematatik

U	A	J	I	R	T	E	M	I	S	W	G	C	B
R	E	J	M	O	R	P	K	U	T	O	V	I	V
P	O	L	I	G	O	N	D	C	S	P	V	Z	Z
T	F	L	Z	C	P	A	R	A	L	E	L	N	O
U	W	W	F	R	K	K	V	A	D	R	A	T	A
Z	Y	A	B	Ž	D	A	N	D	E	J	C	P	J
L	I	E	P	N	L	P	R	O	J	R	I	I	I
Đ	K	I	G	E	S	P	O	F	S	D	M	E	R
D	E	C	I	M	A	L	A	T	U	K	O	R	T
Z	W	A	E	U	W	V	M	F	M	V	K	G	E
V	G	D	Z	L	K	M	N	G	A	J	O	W	M
P	R	A	V	O	K	U	T	N	I	K	A	V	O
J	Z	A	W	V	R	A	D	I	J	U	S	O	E
A	R	I	T	M	E	T	I	K	A	S	Y	U	G

ARITMETIKA
FRAKCIJA
DECIMALA
TROKUT
PROMJER
GEOMETRIJA
JEDNADŽBA
PARALELNO
POLIGON

KVADRAT
RADIJUS
PRAVOKUTNIK
OKOMICA
SUMA
SIMETRIJA
OPSEG
VOLUMEN
KUTOVI

92 - Messungen

T	O	N	A	Y	S	G	M	I	M	A	R	G	D
G	G	A	Y	G	T	A	L	S	E	B	H	S	E
O	A	C	L	E	L	I	W	H	T	J	A	B	C
Č	N	I	W	K	L	O	A	P	A	K	R	Y	I
K	I	L	O	G	R	A	M	L	R	Đ	U	M	M
D	Ž	W	Đ	P	A	N	I	S	I	V	O	I	A
T	U	J	N	I	K	I	V	B	D	T	R	I	L
M	D	B	D	D	W	R	P	V	D	B	R	N	A
B	A	A	I	Z	W	I	O	K	G	L	P	A	M
Z	N	S	E	N	P	Š	M	J	U	N	C	A	I
S	I	P	A	E	A	S	T	U	P	A	N	J	N
D	Ž	V	O	L	U	M	E	N	Z	D	C	C	U
K	E	G	K	I	L	O	M	E	T	A	R	G	T
O	T	C	E	N	T	I	M	E	T	A	R	P	A

ŠIRINA
BAJT
DECIMALA
TEŽINA
STUPANJ
GRAM
VISINA
KILOGRAM
KILOMETAR
DUŽINA
LITRA
MASA
METAR
MINUTA
DUBINA
TONA
UNCA
VOLUMEN
CENTIMETAR
INČ

93 - Boxen

V	O	P	O	R	A	V	A	K	O	Đ	L	B	L
J	B	R	Z	E	M	F	R	N	Z	G	P	G	J
E	C	I	V	A	K	U	R	P	L	P	L	L	T
Š	Y	B	F	K	I	R	B	M	J	E	V	S	G
T	U	K	R	T	K	C	L	O	E	D	R	C	T
I	U	I	N	Z	K	A	E	F	D	M	U	C	S
N	O	N	O	V	Z	D	Z	C	E	I	W	C	B
A	E	V	E	R	T	C	P	S	N	A	G	A	R
A	K	I	I	R	H	C	A	D	U	S	T	L	A
B	Č	T	B	A	V	Š	A	K	A	Z	Y	Z	D
J	O	O	N	E	J	L	P	R	C	S	I	S	A
Z	T	R	G	A	D	Z	N	T	A	K	A	L	L
D	C	P	A	T	I	J	E	L	O	D	A	Ž	U
G	C	O	W	C	Đ	Z	U	O	M	Y	U	F	U

KUT
LAKAT
ISCRPLJEN
ŠAKA
VJEŠTINA
PROTIVNIK
ZVONO
RUKAVICE
BORAC
UDARAC
BRADA
TIJELO
TOČKE
OPORAVAK
SUDAC
BRZ
UŽAD
SNAGA
OZLJEDE

94 - Psychologie

U	V	G	Đ	W	F	B	O	K	U	S	O	L	K
P	R	O	C	J	E	N	A	Z	W	J	S	W	B
L	M	J	G	A	W	I	J	A	C	E	J	T	U
Z	E	P	M	E	L	B	O	R	P	Ć	E	U	Y
S	P	O	Z	N	A	J	A	B	F	A	Ć	E	V
C	I	V	O	N	S	J	E	D	O	N	A	C	A
C	N	D	J	E	R	C	J	J	H	J	J	H	A
K	D	B	E	A	G	V	D	D	R	A	S	V	J
S	H	G	Đ	J	K	L	I	N	I	Č	K	I	I
M	I	S	L	I	E	J	N	A	Š	A	N	O	P
D	J	E	T	I	N	J	S	T	V	O	R	U	A
C	I	L	P	E	R	C	E	P	C	I	J	A	R
O	S	O	B	N	O	S	T	K	F	T	B	Z	E
N	E	S	V	J	E	S	N	O	T	Y	E	E	T

PROCJENA
NESVJESNO
EGO
UTJECAJI
SJEĆANJA
MISLI
IDEJE
DJETINJSTVO
KLINIČKI
SPOZNAJA
SUKOB
OSOBNOST
PROBLEM
OSJEĆAJ
TERAPIJA
SNOVI
PONAŠANJE
PERCEPCIJA

95 - Bauernhof #2

T	O	N	Z	Ž	I	V	O	T	I	N	J	E	N
H	R	E	Ć	R	V	O	P	C	K	M	P	B	A
D	M	A	T	E	E	Đ	P	D	U	L	J	B	V
R	S	G	K	S	C	L	H	F	K	I	G	J	O
L	A	M	E	T	V	O	O	K	U	J	G	A	D
T	M	W	V	Z	O	T	K	V	R	E	F	N	N
H	H	K	G	W	Đ	R	W	O	U	K	H	J	J
P	A	T	K	A	L	L	U	Ć	Z	O	D	E	A
S	S	C	A	A	C	I	N	E	Š	P	P	T	V
T	P	F	J	M	I	H	V	M	L	S	A	I	A
A	C	I	N	Š	O	K	C	A	U	D	S	N	N
J	Y	U	Ć	N	S	N	Z	Č	D	I	T	A	J
A	P	R	O	C	F	H	D	E	E	A	I	U	E
P	F	P	V	A	I	H	L	J	Z	Z	R	Z	G

NAVODNJAVANJE
KOŠNICA
PATKA
VOĆE
POVRĆE
JEČAM
LAME
JANJETINA
KUKURUZ
MLIJEKO
VOĆNJAK
ZRELO
OVCE
PASTIR
STAJA
ŽIVOTINJE
TRAKTOR
PŠENICA
LIVADA

96 - Gartenarbeit

S	C	K	O	N	T	E	J	N	E	R	V	S	V
V	J	R	B	O	T	A	N	I	Č	K	I	E	O
O	Đ	E	I	E	J	V	N	G	J	U	A	Z	Ć
D	Z	Ć	M	J	G	O	C	Đ	E	A	Đ	O	N
A	O	Š	R	E	E	F	M	T	S	H	H	N	J
L	H	I	S	U	N	V	M	P	T	L	C	S	A
O	I	L	V	C	I	K	O	G	I	P	N	K	K
A	I	S	L	K	J	G	E	S	V	K	N	I	Z
I	W	L	T	O	N	Č	I	T	O	Z	G	E	A
A	N	I	T	Š	V	A	J	L	R	P	K	U	T
V	L	A	G	A	Y	M	K	O	B	U	K	E	T
K	L	I	M	A	V	R	S	T	A	F	V	P	C
K	O	M	P	O	S	T	E	J	I	V	C	N	N
V	J	R	R	F	S	D	D	N	O	T	S	G	N

VRSTA
LIST
CVIJET
TLO
BOTANIČKI
KONTEJNER
JESTIVO
EGZOTIČNO
VLAGA
KLIMA
KOMPOST
LIŠĆE
VOĆNJAK
SJEMENKE
SEZONSKI
CRIJEVO
PRLJAVŠTINA
BUKET
VODA

97 - Berufe #2

I	K	N	J	I	Ž	N	I	Č	A	R	Đ	A	F
S	V	R	O	T	A	R	T	S	U	L	I	S	O
T	I	A	Z	O	O	L	O	G	J	R	I	K	T
R	T	N	Đ	B	Đ	P	G	I	C	W	U	Z	O
A	K	I	Ž	I	Z	U	M	I	T	E	L	J	G
Ž	E	V	A	E	A	T	Z	H	P	Z	L	N	R
I	T	O	S	L	N	R	F	W	A	O	C	G	A
V	E	N	T	I	G	J	V	S	R	J	V	E	F
A	D	P	R	J	K	O	E	S	L	I	K	A	R
Č	R	I	O	E	I	U	L	R	A	L	T	R	V
Đ	I	L	N	Č	R	D	F	O	Z	O	L	I	F
L	B	O	A	N	U	S	C	Z	I	R	C	C	I
I	H	T	U	I	R	V	E	Z	U	B	A	R	O
F	O	A	T	K	G	U	Č	I	T	E	L	J	R

LIJEČNIK
ASTRONAUT
KNJIŽNIČAR
BIOLOG
KIRURG
DETEKTIV
IZUMITELJ
ISTRAŽIVAČ
FOTOGRAF
VRTLAR
ILUSTRATOR
INŽENJER
NOVINAR
UČITELJ
SLIKAR
FILOZOF
PILOT
ZUBAR
ZOOLOG

98 - Wetter

S	J	U	P	E	C	L	N	J	W	I	M	N	L
K	A	L	B	O	D	A	N	R	O	T	O	W	J
W	R	T	D	K	V	J	Đ	B	S	I	N	O	F
W	J	B	U	V	L	J	F	C	U	B	S	L	A
U	R	A	G	A	N	I	E	O	Š	P	U	U	R
M	A	N	D	L	B	K	M	T	A	N	N	J	E
U	T	I	B	G	S	S	Đ	A	A	P	E	A	F
N	E	V	T	A	Y	P	A	A	Z	R	A	B	S
J	J	A	E	M	D	O	H	U	S	S	A	F	O
A	V	J	E	K	E	R	G	H	J	V	U	C	M
D	E	L	C	A	M	T	U	A	Z	T	G	Y	T
U	N	M	T	E	M	P	E	R	A	T	U	R	A
G	S	R	W	P	T	V	S	M	Đ	B	T	Y	Đ
A	Y	G	P	O	L	A	R	N	I	C	E	J	N

ATMOSFERA
MUNJA
POVJETARAC
GRMLJAVINA
SUŠA
LED
NEBO
URAGAN
KLIMA
MONSUN
MAGLA
POLARNI
DUGA
OLUJA
TEMPERATURA
TORNADO
SUHO
TROPSKI
VJETAR
OBLAK

99 - Chemie

K	T	S	H	V	W	R	V	Đ	L	T	N	O	P
A	E	R	V	U	O	B	C	A	S	E	P	R	G
T	M	I	Z	N	E	D	C	S	E	Ž	K	G	E
A	P	R	B	Y	I	S	I	Y	A	I	Z	A	L
L	E	V	H	D	G	U	U	K	U	N	T	N	E
I	R	O	L	K	I	S	I	K	E	A	O	S	K
Z	A	N	U	K	L	E	A	R	N	I	P	K	T
A	T	K	I	S	E	L	I	N	A	L	L	I	R
T	U	P	N	L	C	S	I	H	H	A	I	E	O
O	R	Z	S	N	P	O	R	O	C	T	N	M	N
R	A	J	I	C	K	A	E	R	N	E	A	S	K
R	O	N	P	U	G	L	J	I	K	M	R	O	R
T	E	K	U	Ć	I	N	A	A	G	L	V	L	G
O	M	M	O	L	E	K	U	L	A	I	W	T	N

KLOR
ELEKTRON
ENZIM
TEKUĆINA
PLIN
TEŽINA
TOPLINA
ION
KATALIZATOR
UGLJIK

METALI
MOLEKULA
NUKLEARNI
ORGANSKI
REAKCIJA
SOL
KISIK
KISELINA
TEMPERATURA
VODIK

1 - Gesundheit und Wellness #2

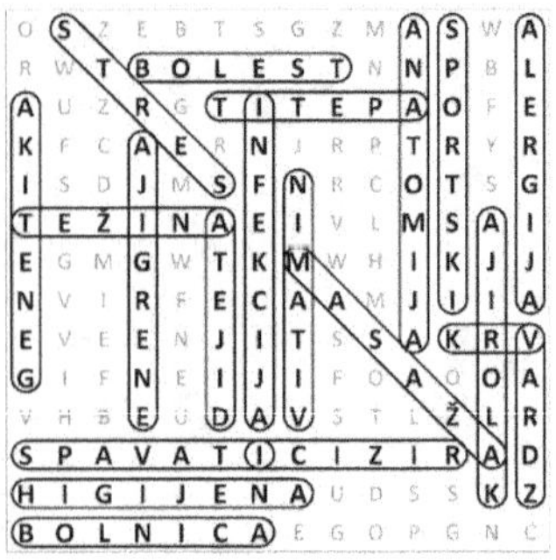

2 - Ozean

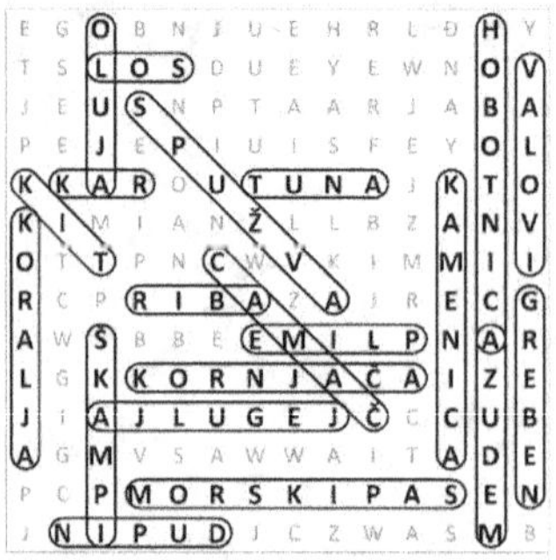

3 - Meditation

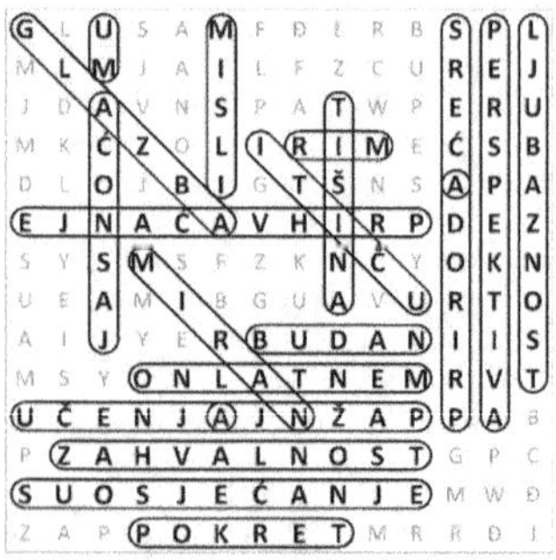

4 - Insekten

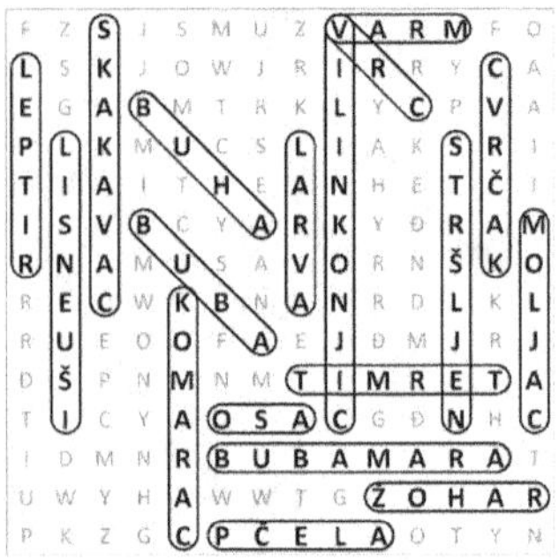

5 - Gesundheit und Wellness #1

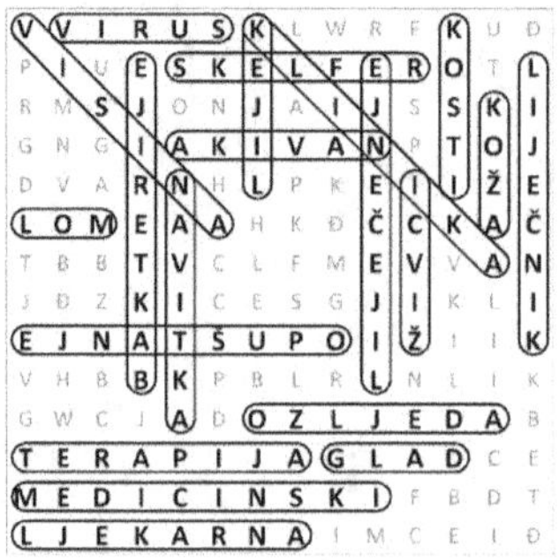

6 - Obst

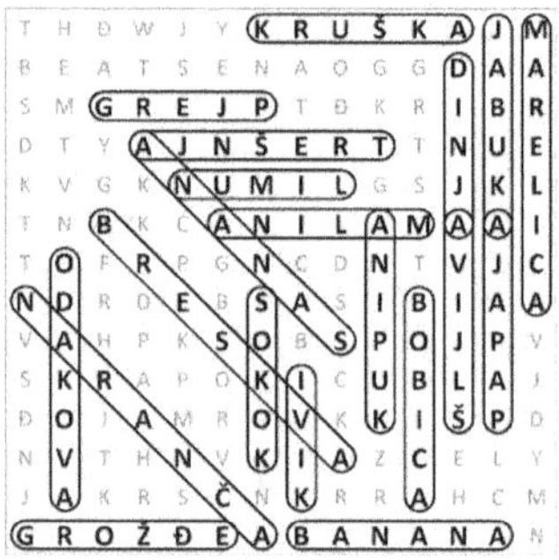

7 - Universum

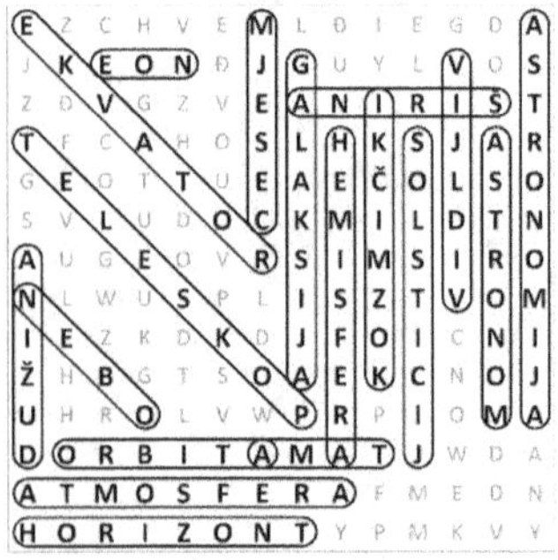

8 - Camping

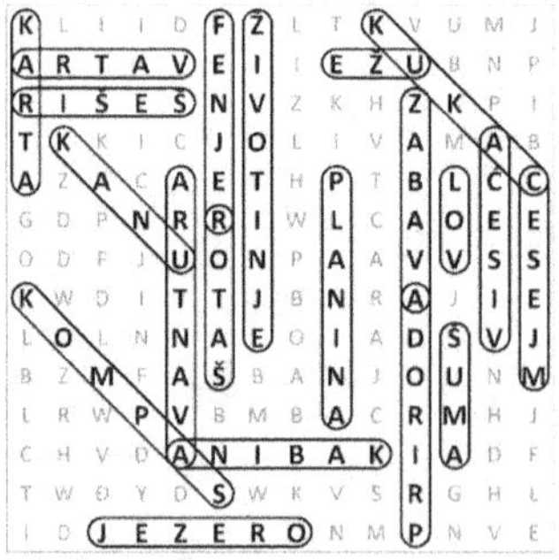

9 - Zeit

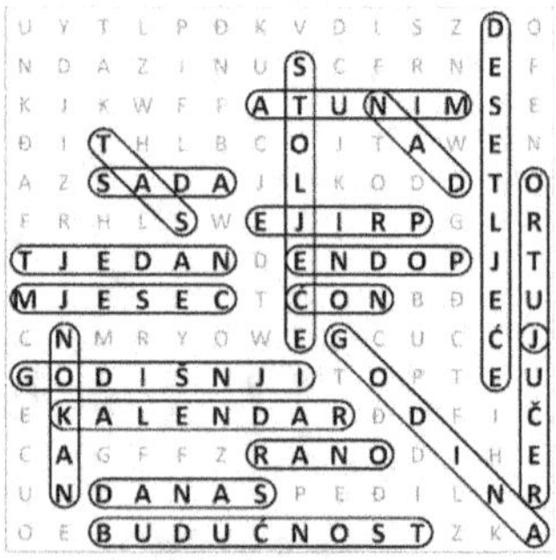

10 - Säugetiere

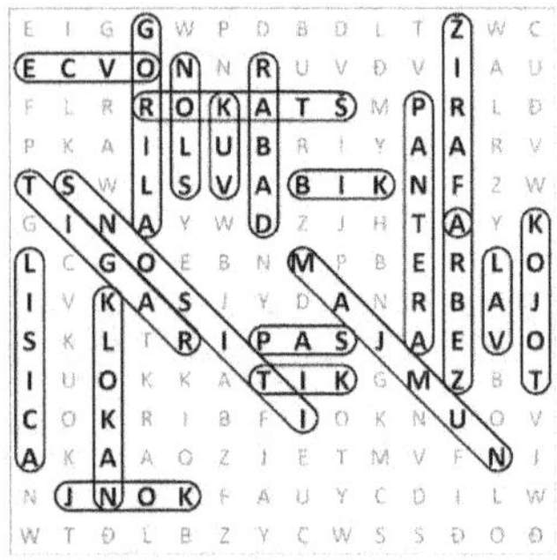

11 - Algebra

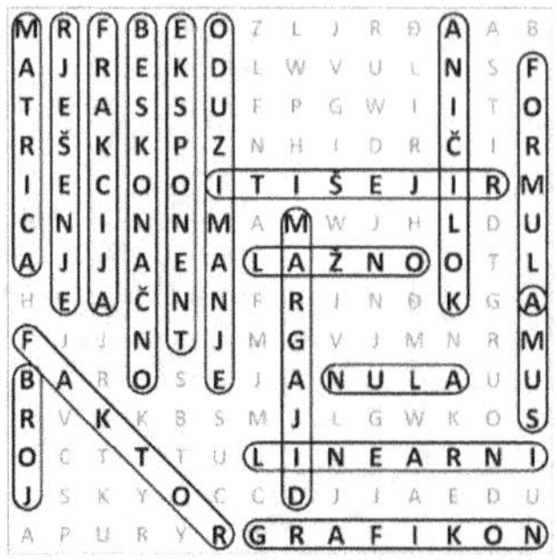

12 - Diplomatie

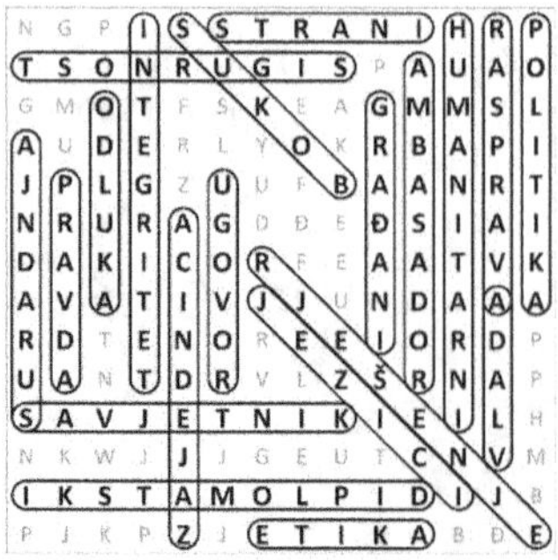

13 - Astronomie

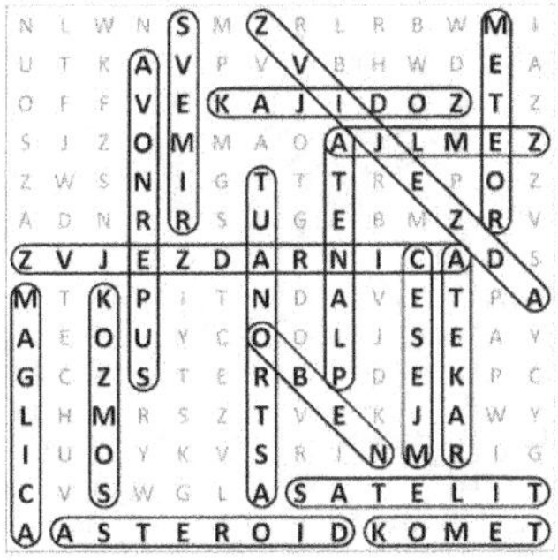

14 - Ballett

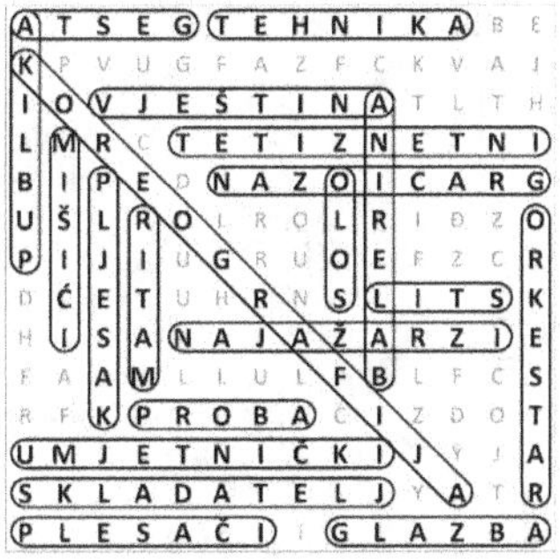

15 - Geologie

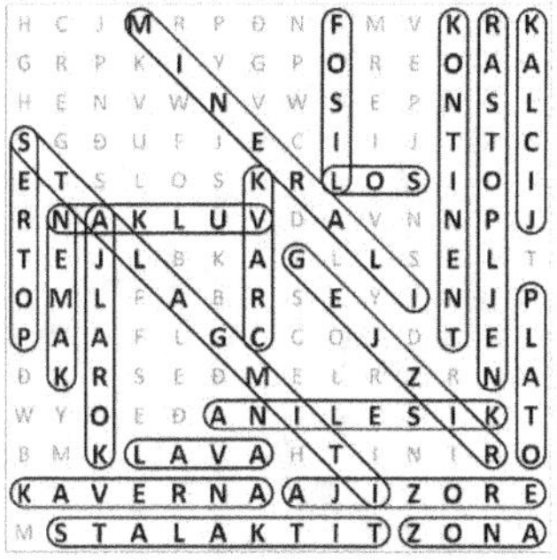

16 - Wissenschaft

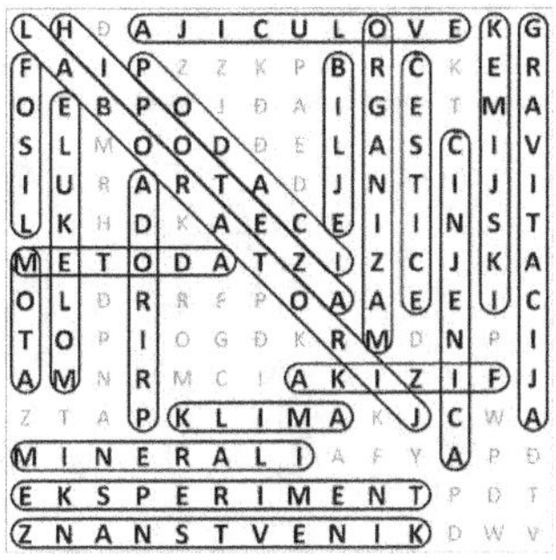

17 - Bildende Kunst

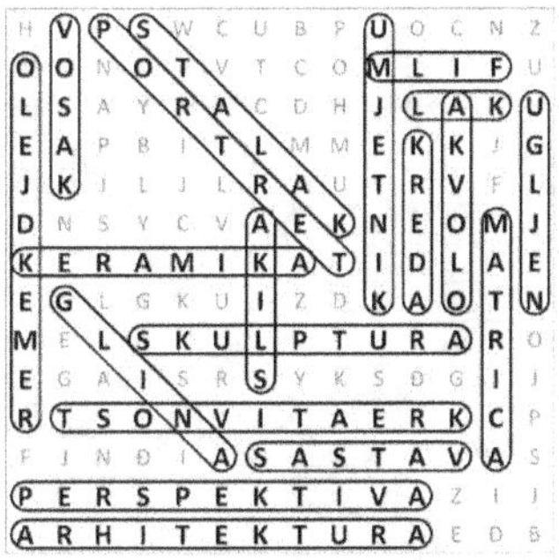

18 - Sport

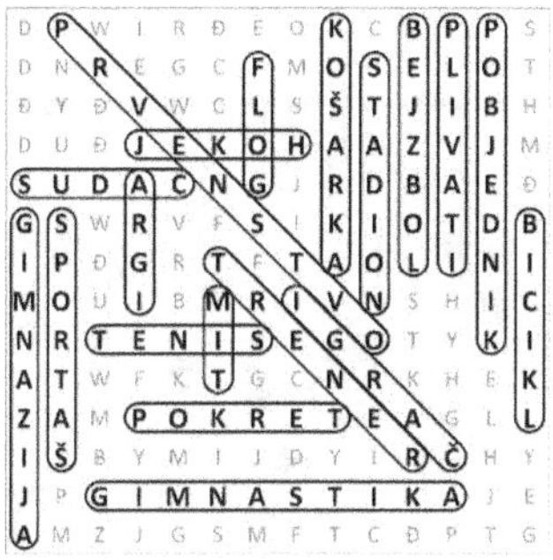

19 - Mythologie

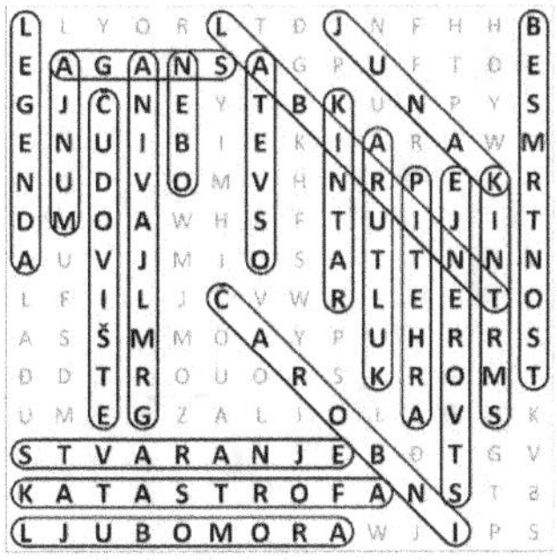

20 - Restaurant #2

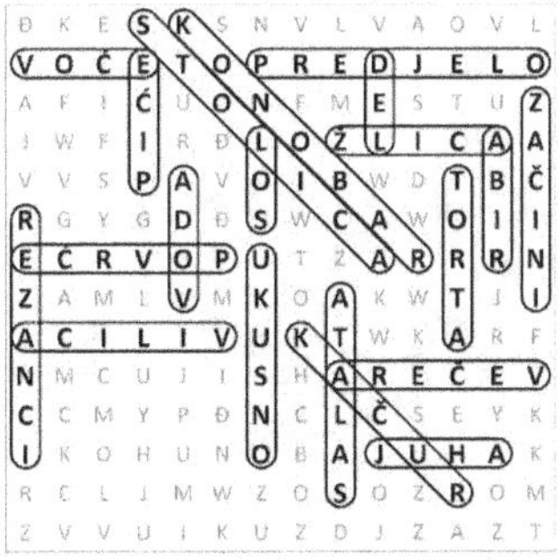

21 - Ökologie

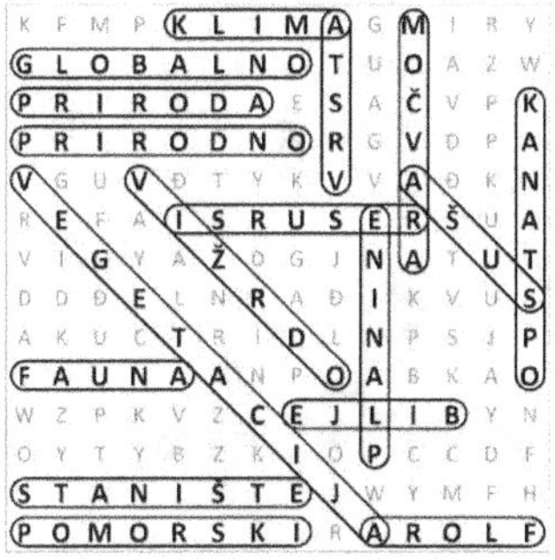

22 - Schokolade

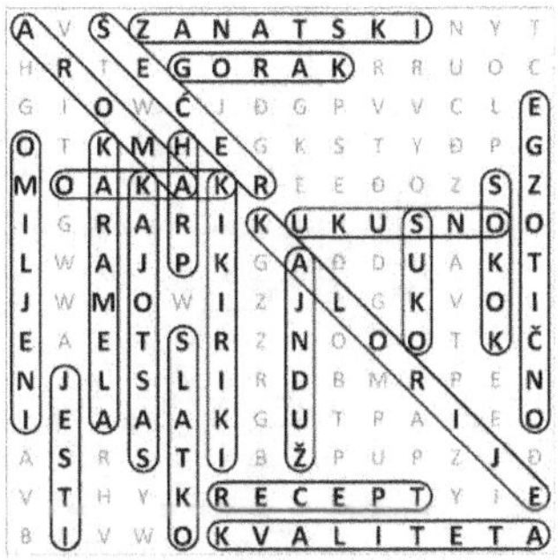

23 - Boote

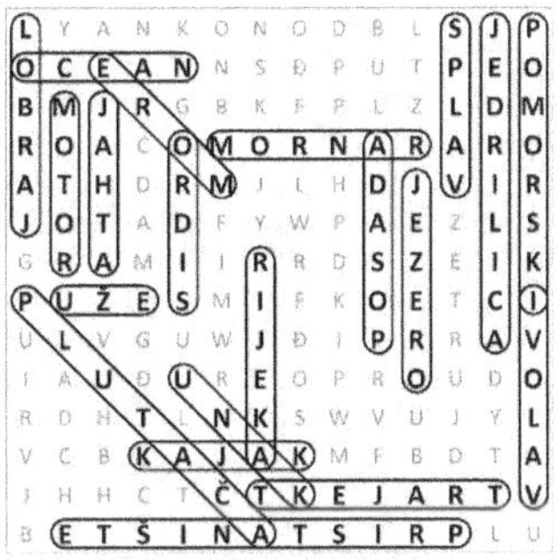

24 - Stadt

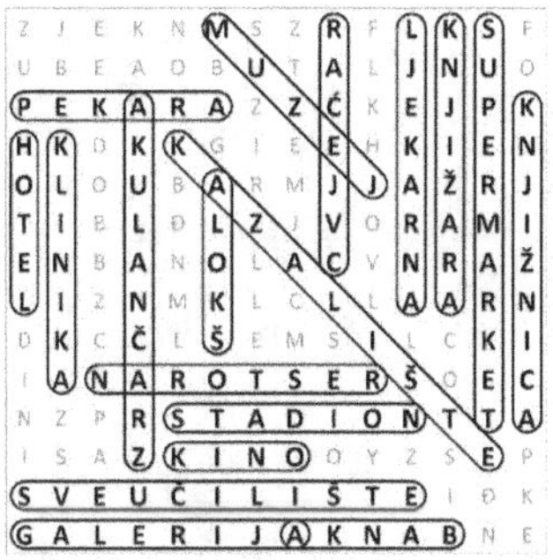

25 - Aktivitäten

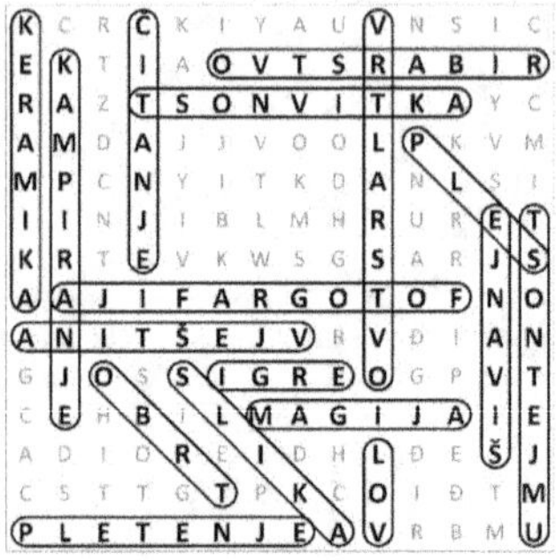

26 - Bienen

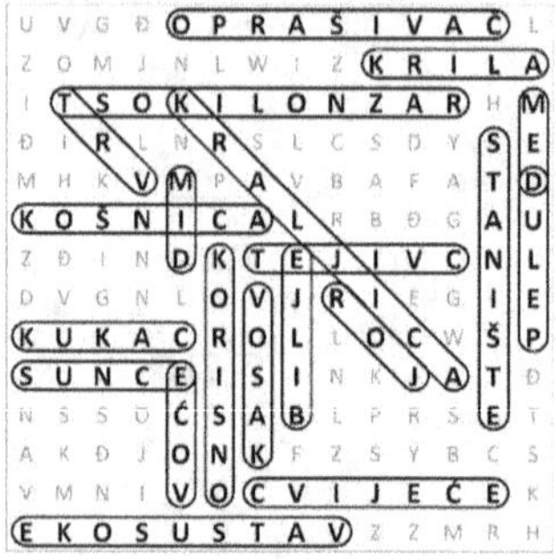

27 - Wissenschaftliche

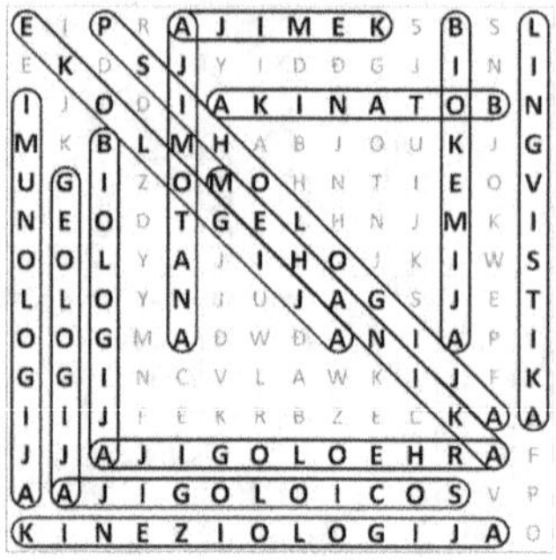

28 - Vögel

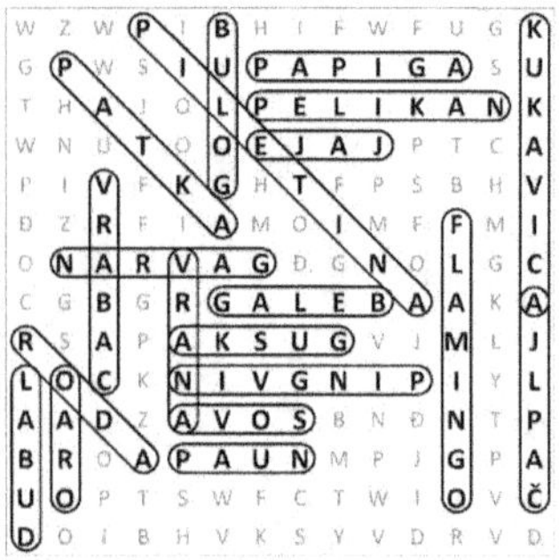

29 - Elektrizität

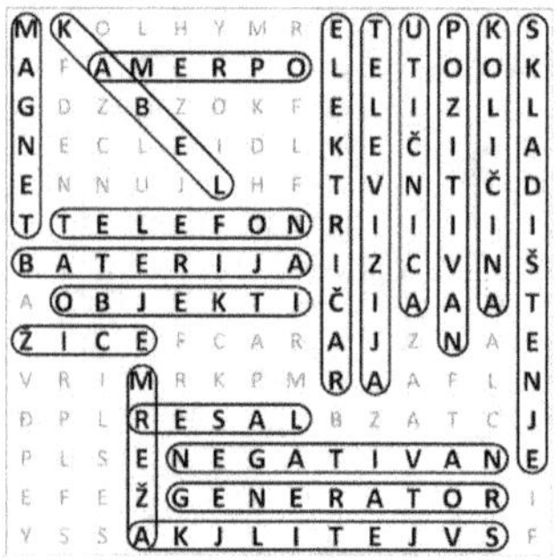

30 - Garten

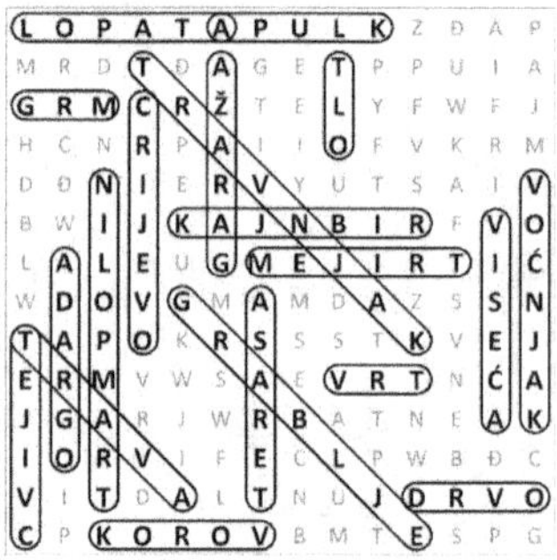

31 - Antarktis

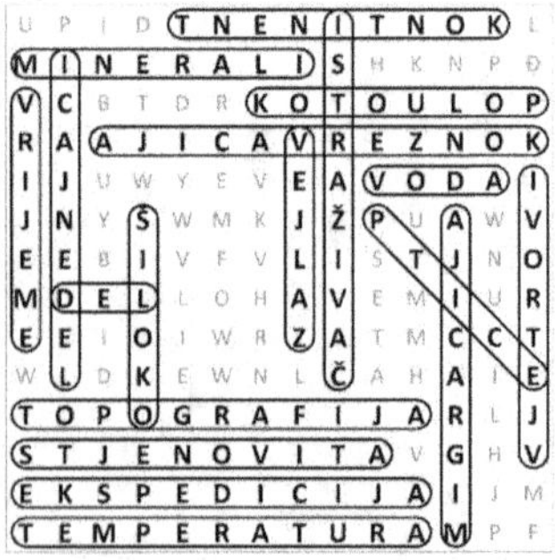

32 - Fahren

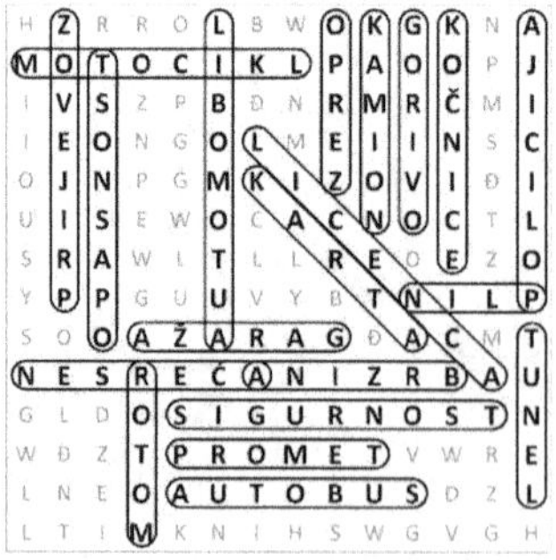

33 - Physik

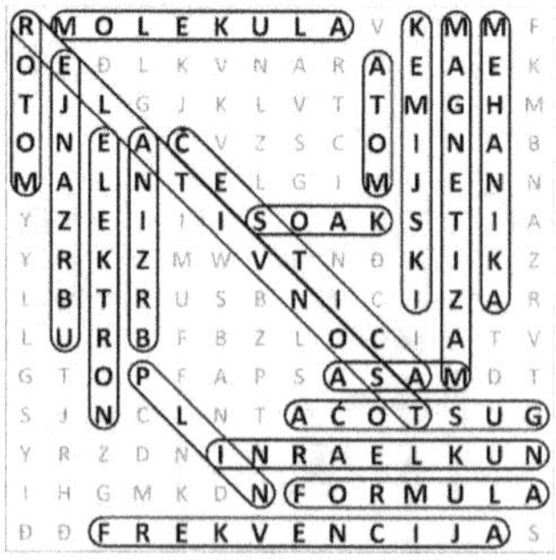

34 - Bücher

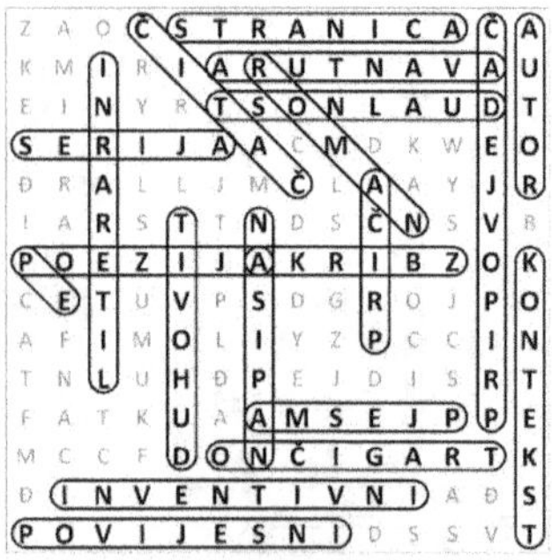

35 - Menschlicher Körper

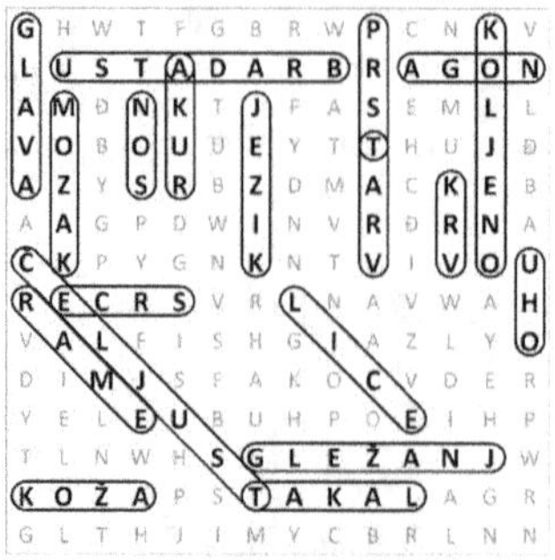

36 - Landschaften

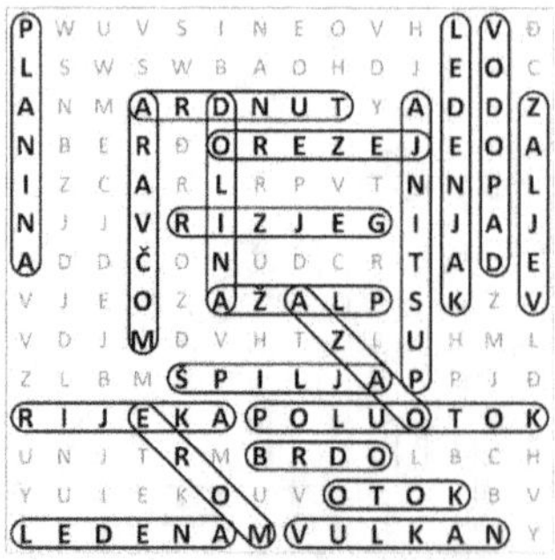

37 - Abenteuer

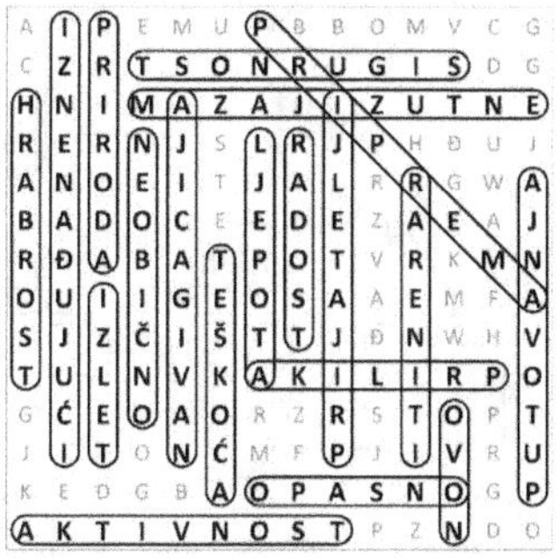

38 - Flugzeuge

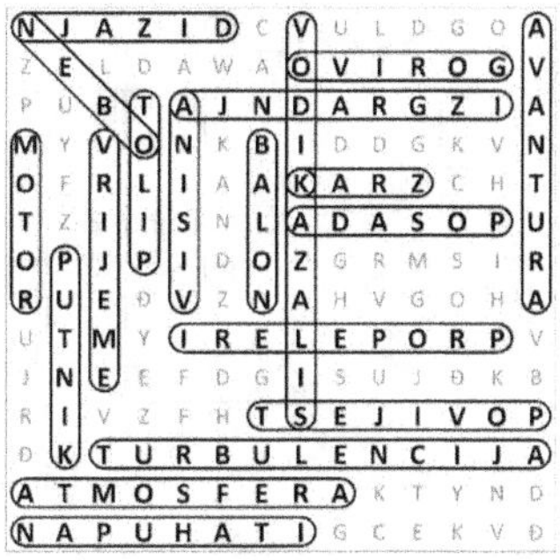

39 - Haartypen

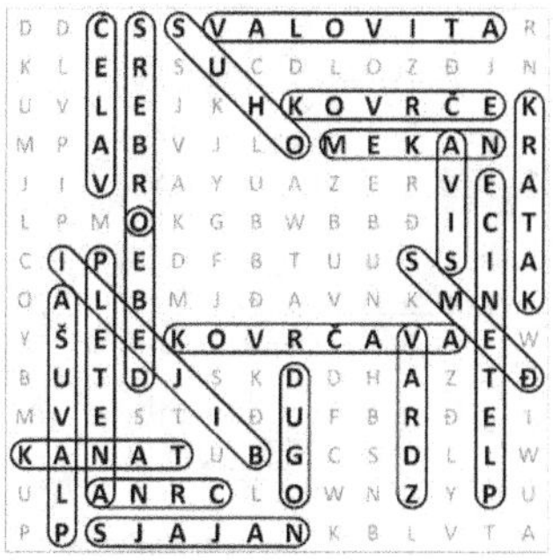

40 - Essen #1

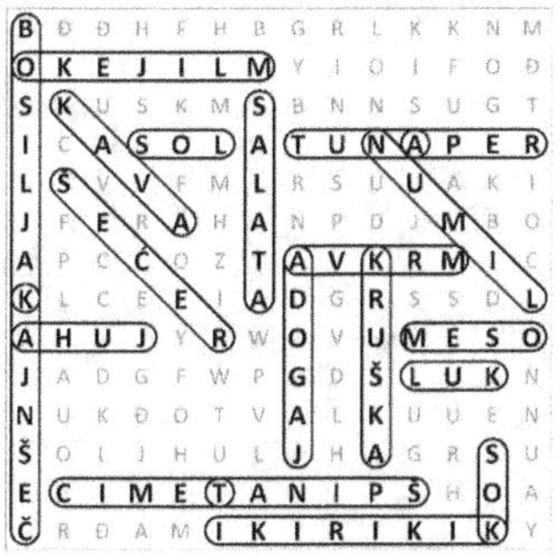

41 - Gebäude

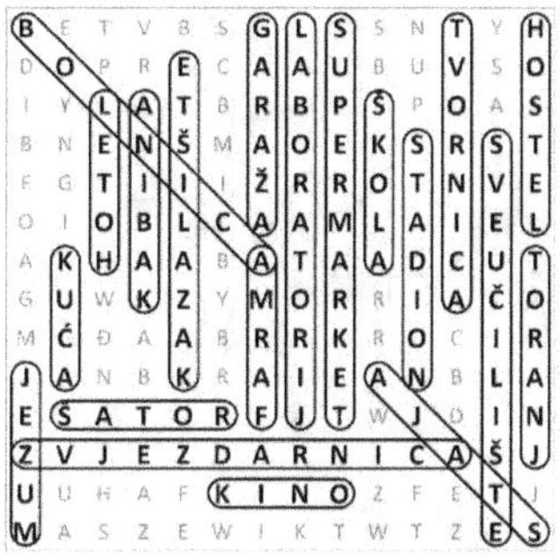

42 - Angeln

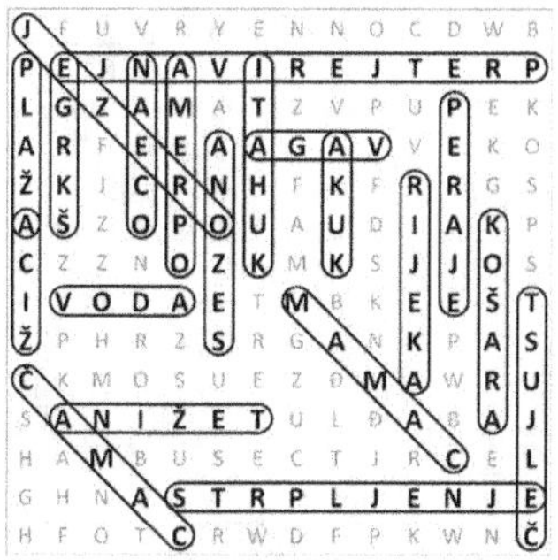

43 - Essen #2

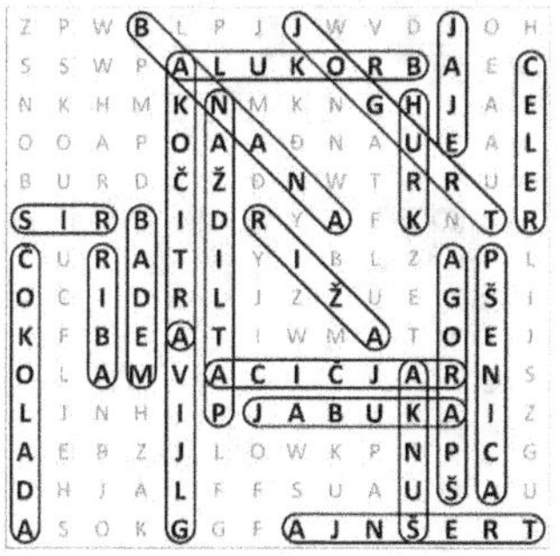

44 - Energie

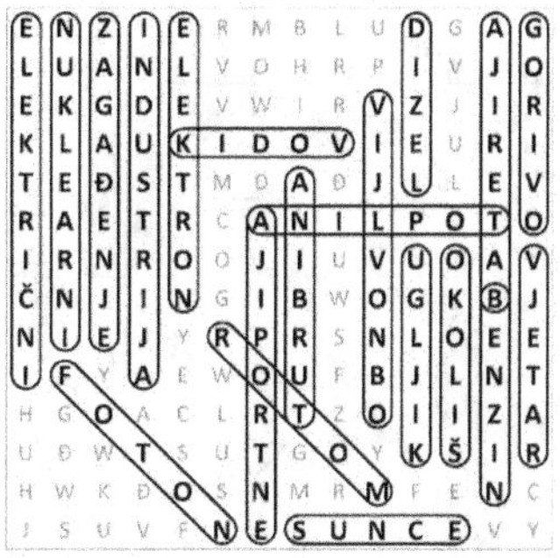

45 - Familie

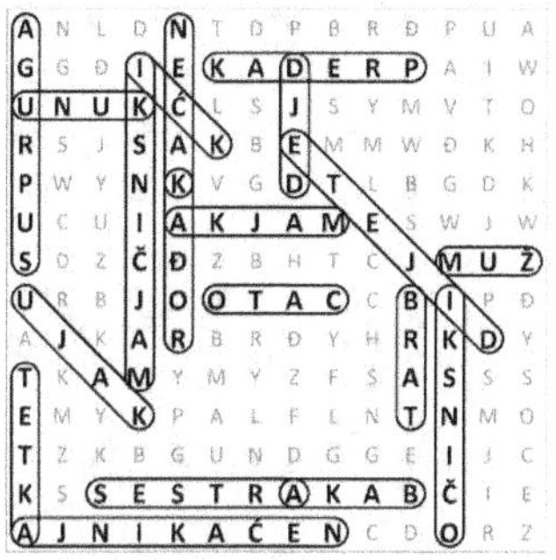

46 - Pflanzen

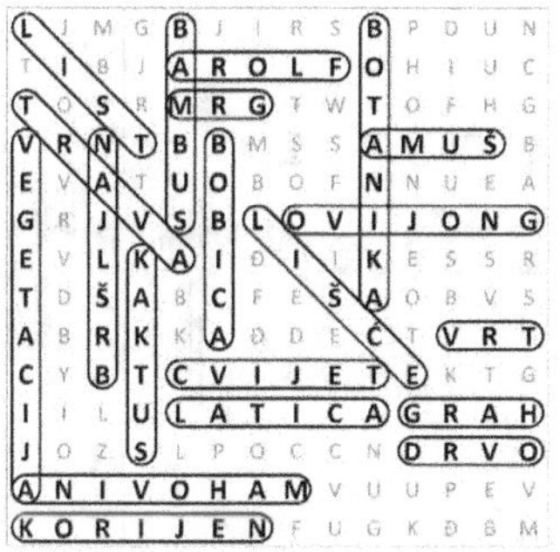

47 - Gewürze

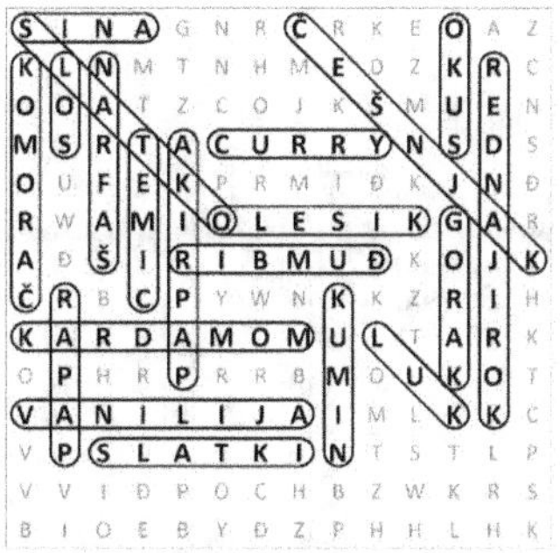

48 - Kreativität

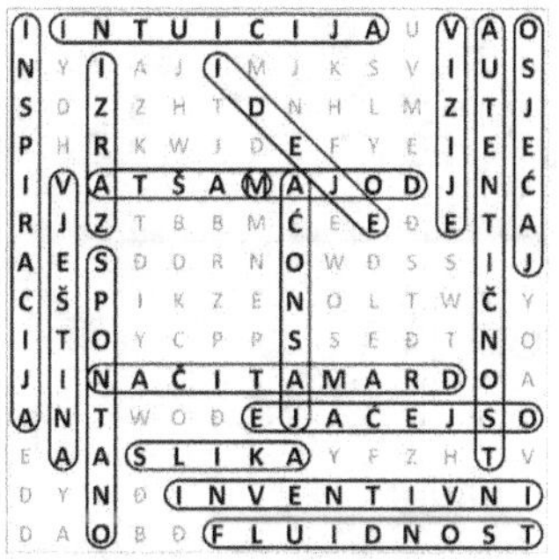

49 - Geschäft

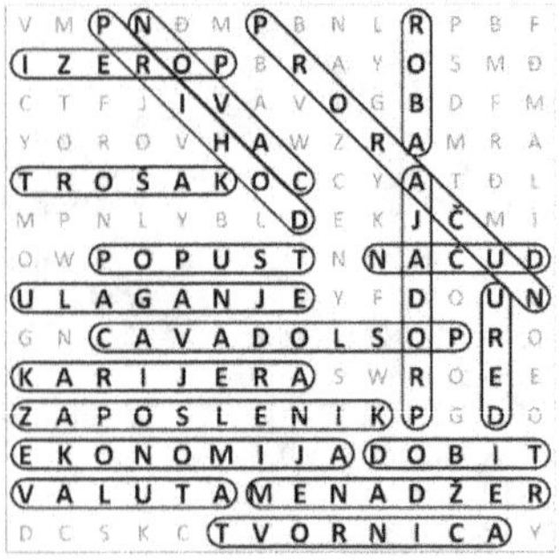

50 - Ingenieurwesen

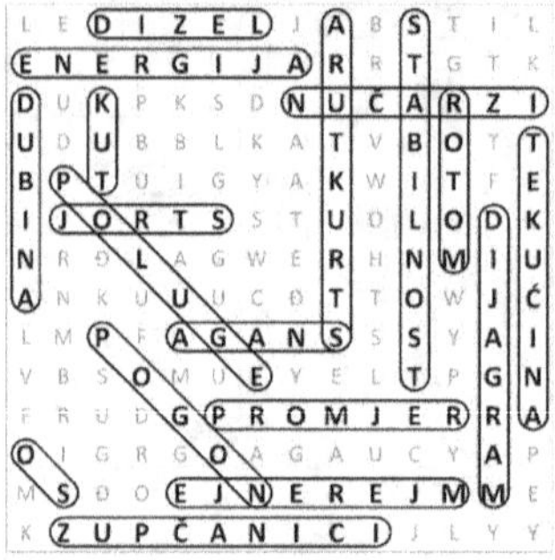

51 - Kaffee

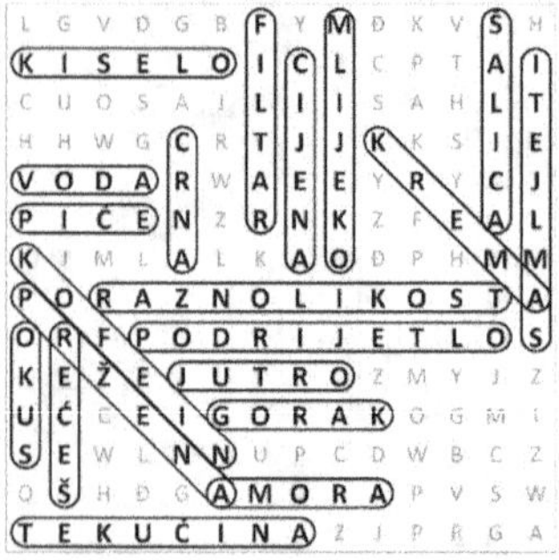

52 - Gemüse

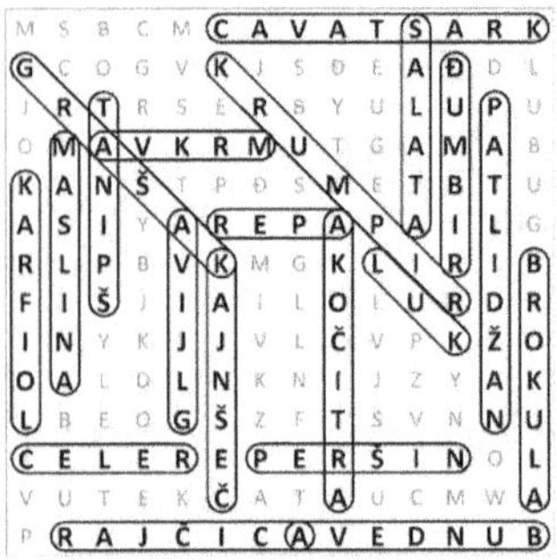

53 - Schönheit

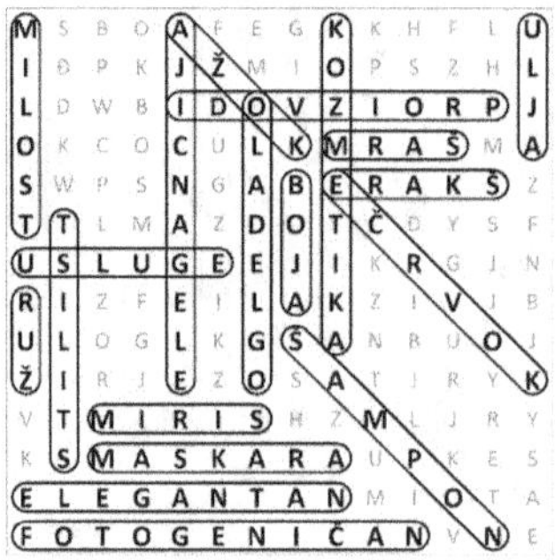

54 - Tanzen

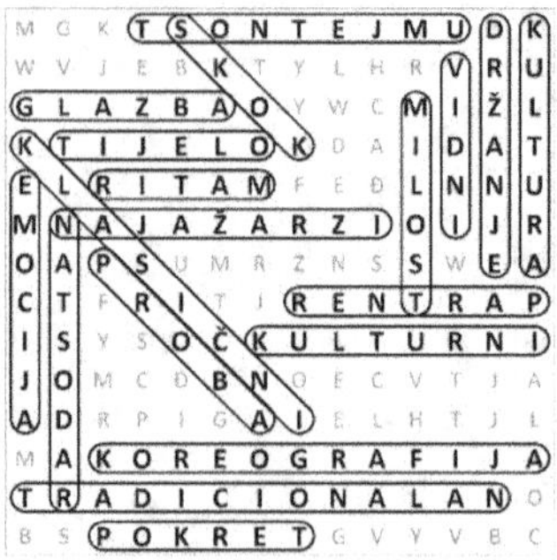

55 - Ernährung

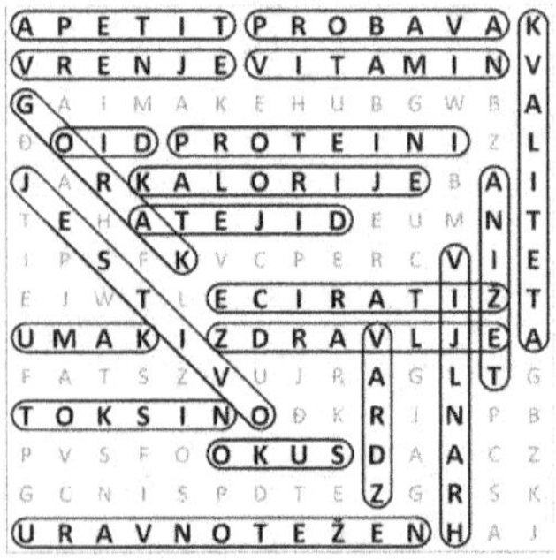

56 - Länder #1

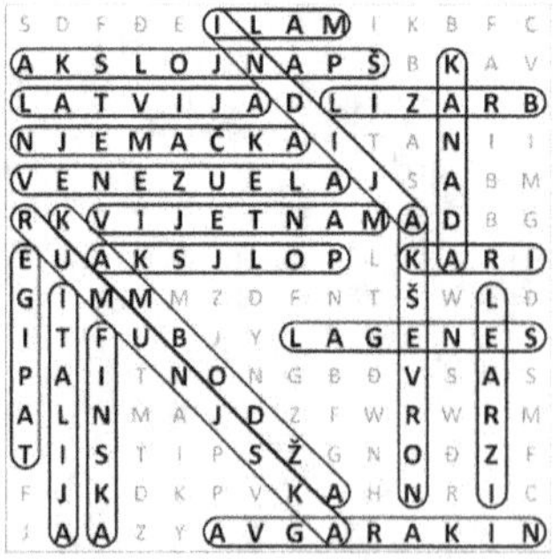

57 - Technologie

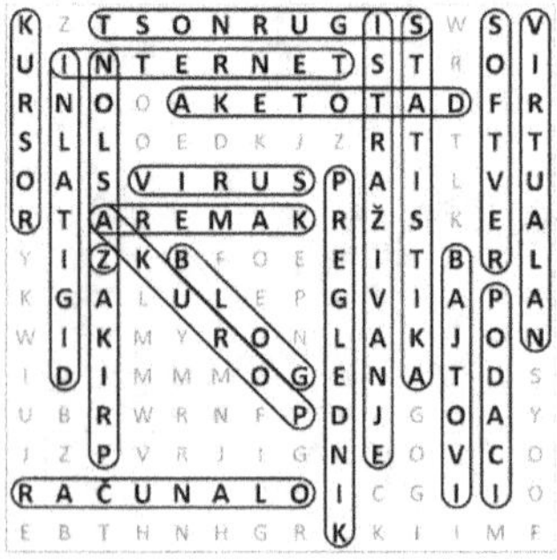

58 - Science Fiction

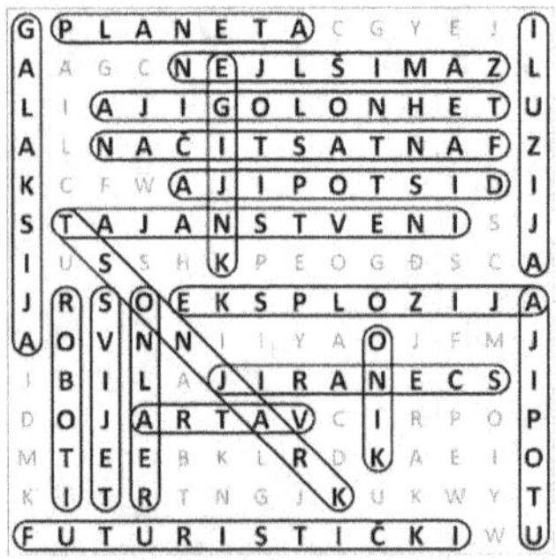

59 - Haustiere

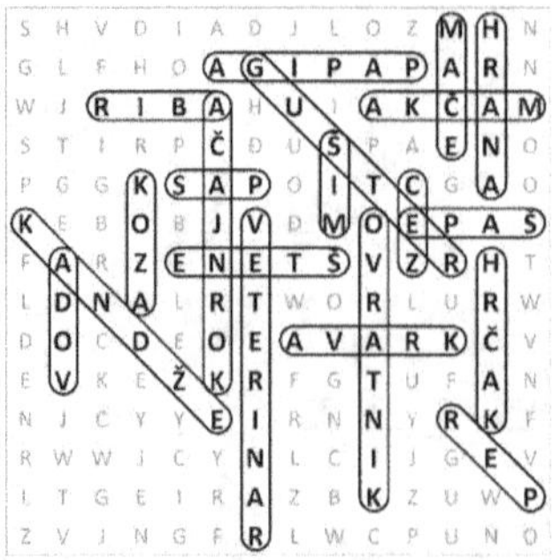

60 - Literatur

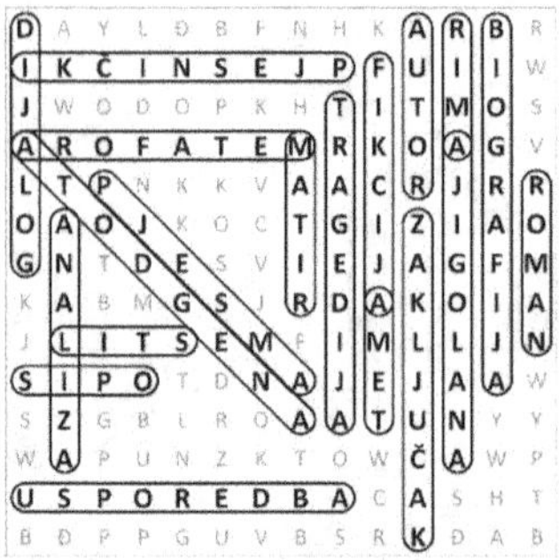

61 - Wandern

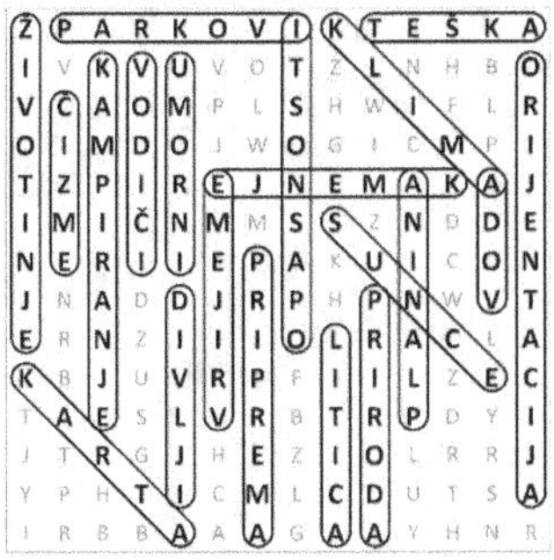

62 - Länder #2

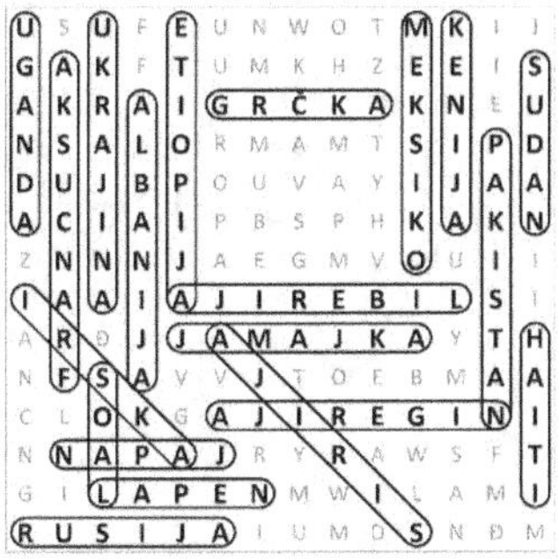

63 - Fahrzeuge

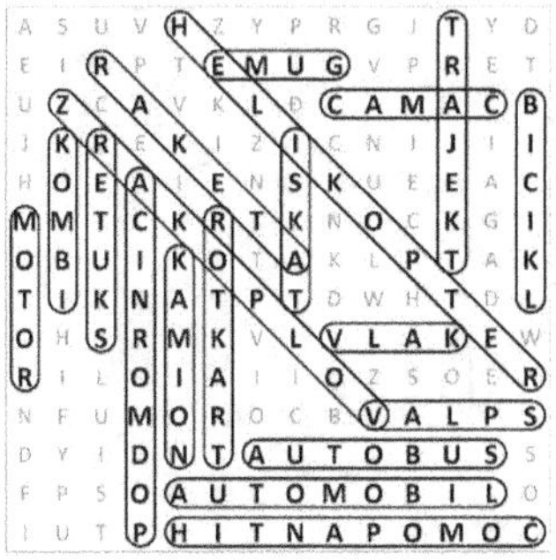

64 - Musikinstrumente

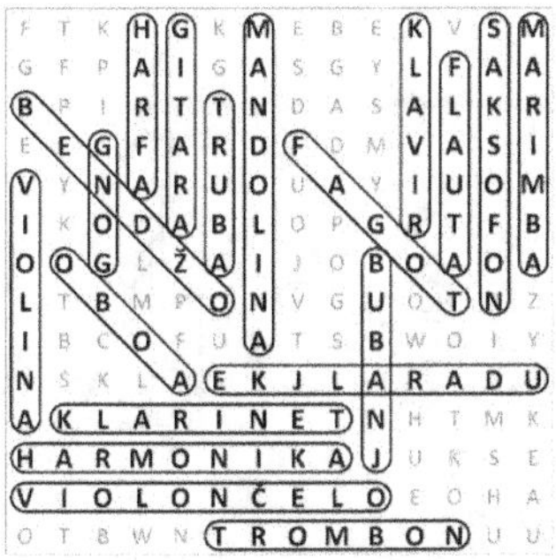

65 - Blumen

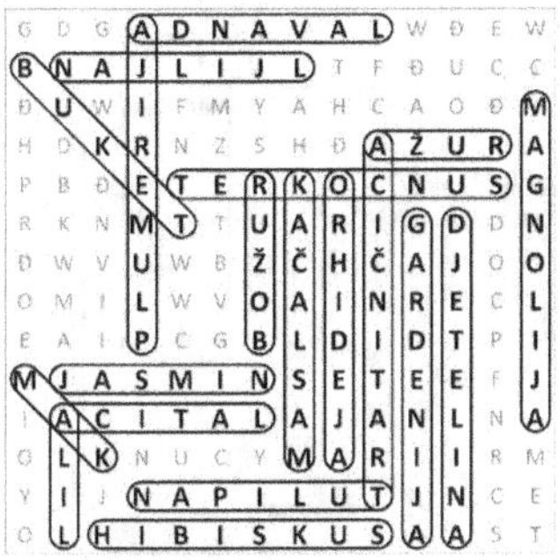

66 - Natur

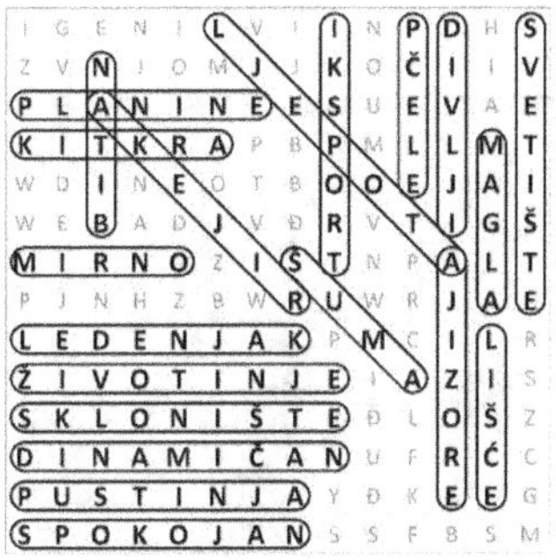

67 - Urlaub #2

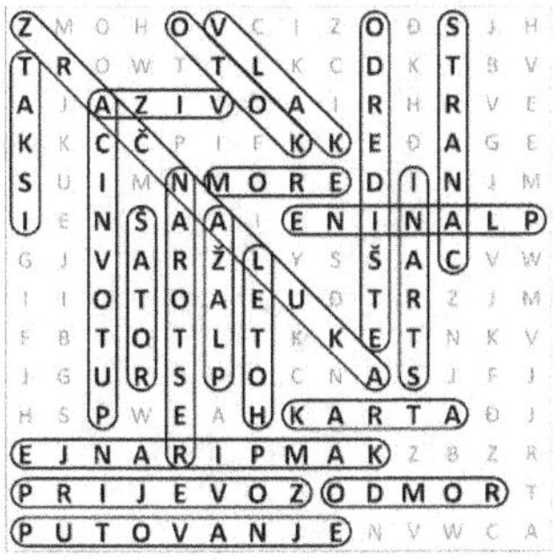

68 - Zirkus

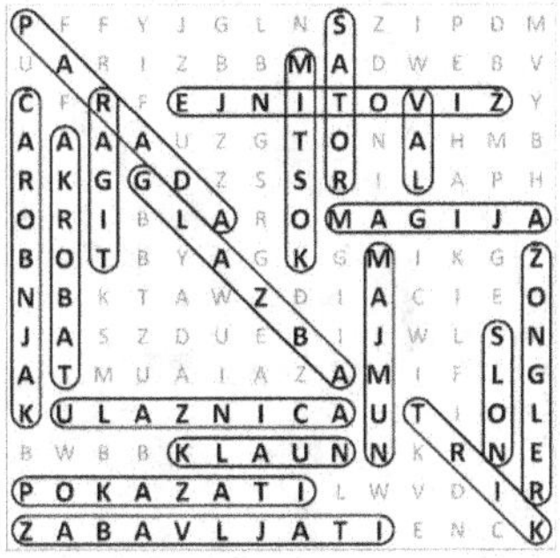

69 - Barbecues

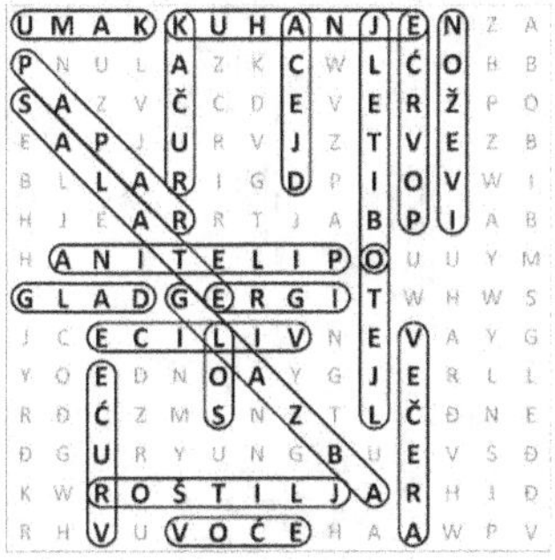

70 - Schach

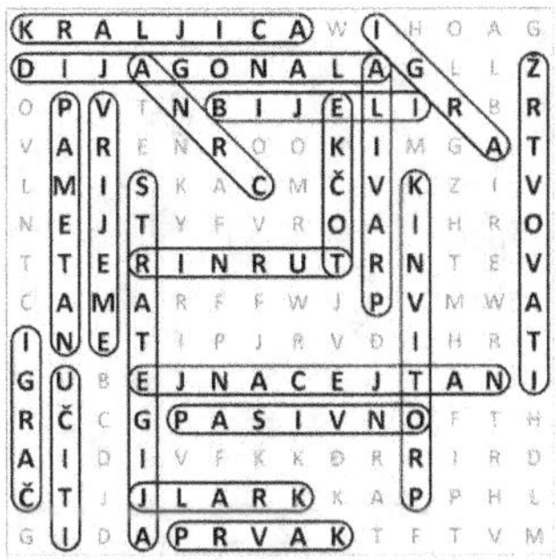

71 - Geographie

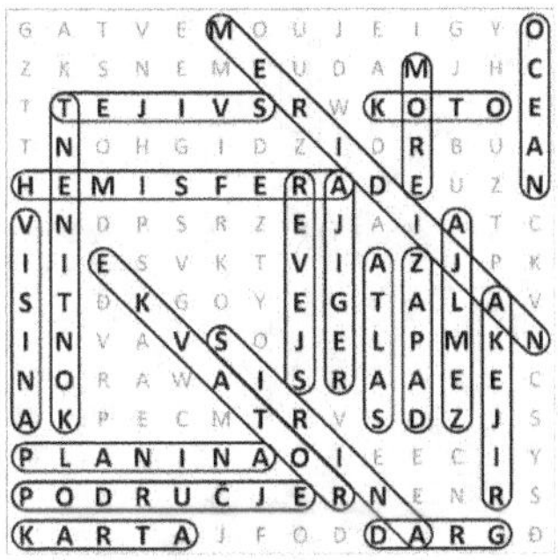

72 - Zahlen

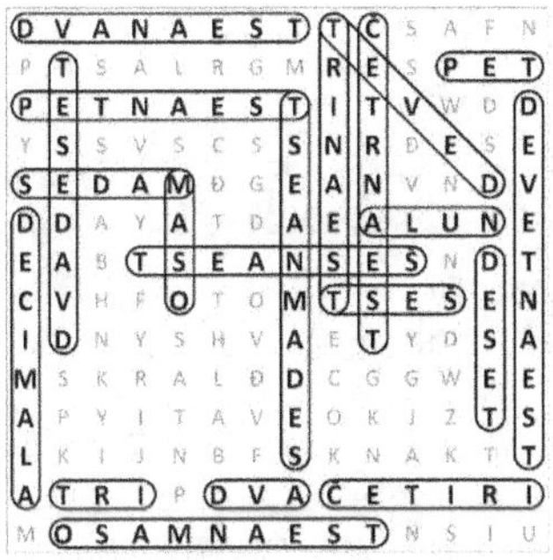

73 - Kunst Liefert

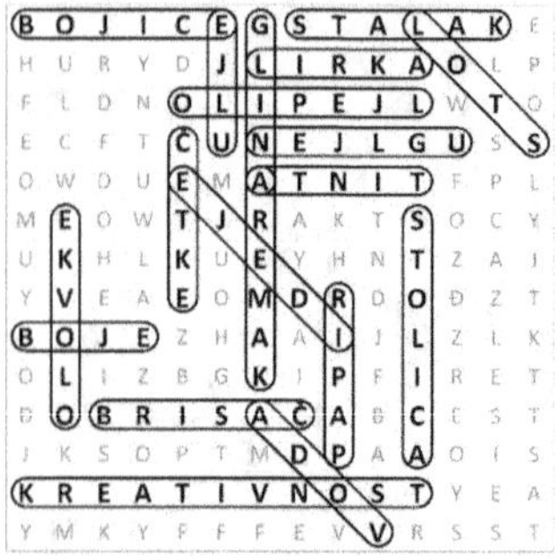

74 - Tage und Monate

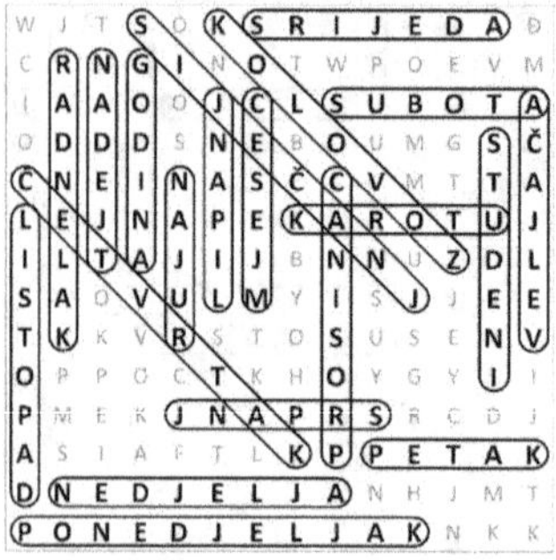

75 - Das Unternehmen

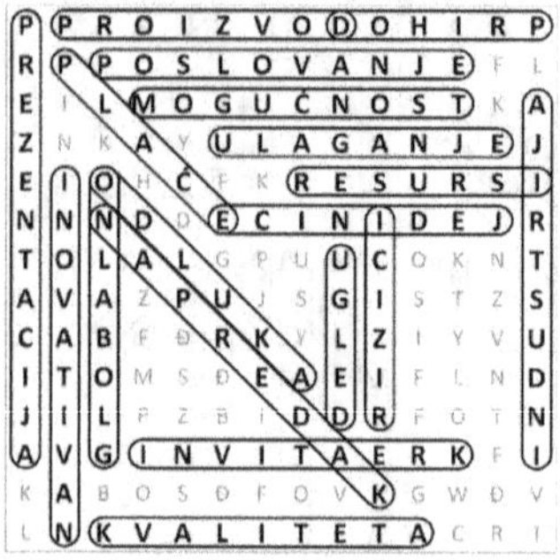

76 - Kräuterkunde

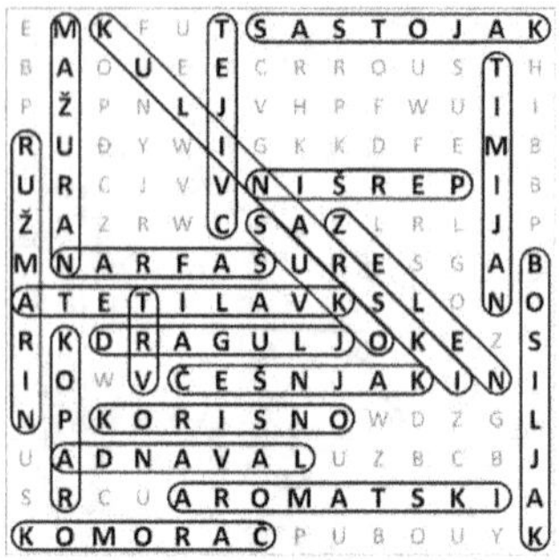

77 - Tugenden #1

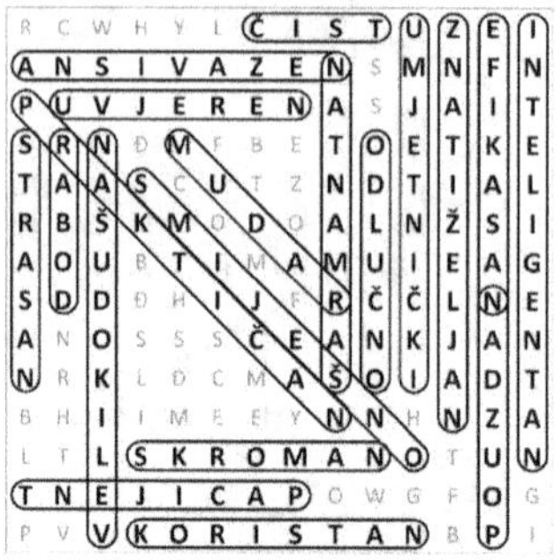

78 - Aktivitäten und Freizeit

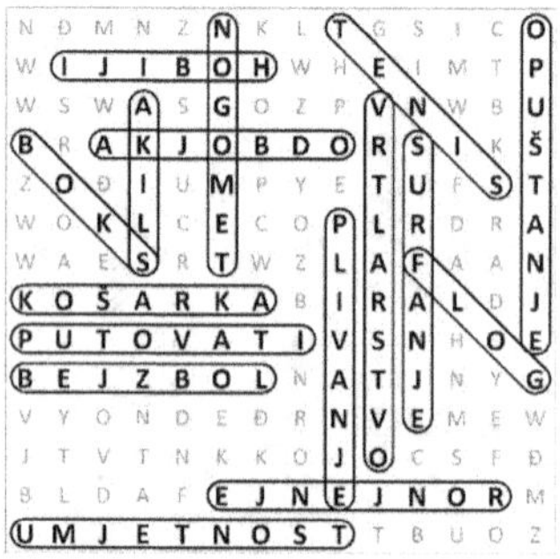

79 - Formen

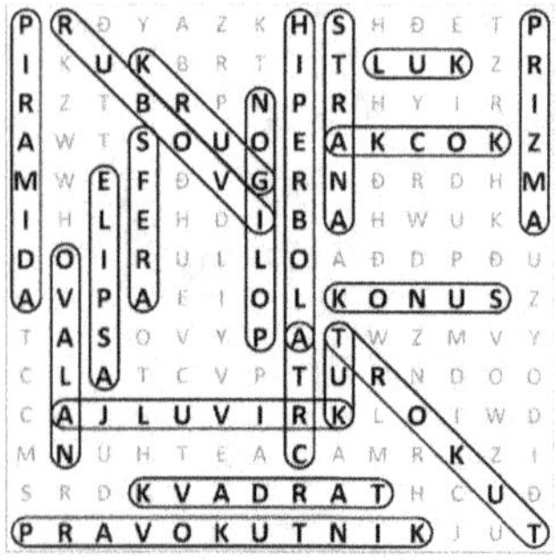

80 - Musik

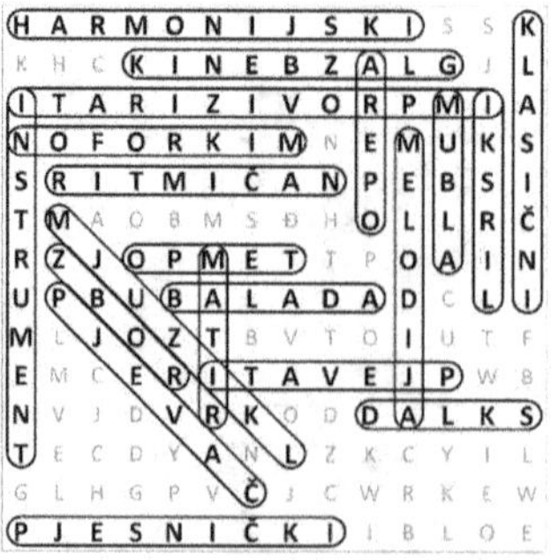

81 - Antiquitäten

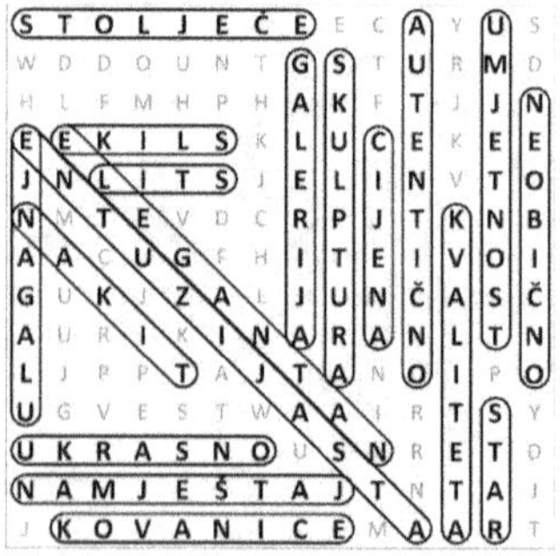

82 - Adjektive #2

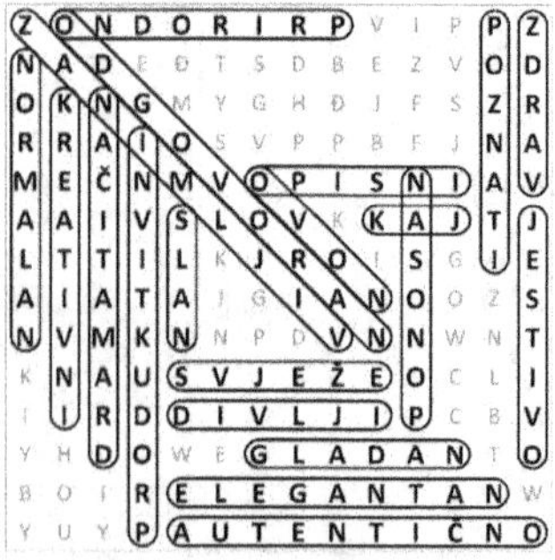

83 - Kleidung

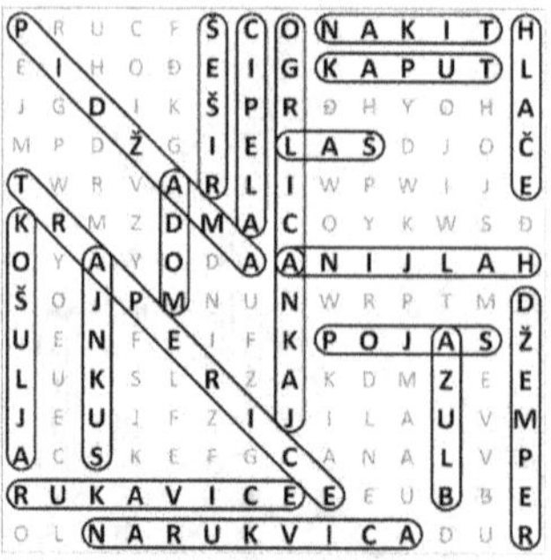

84 - Haus

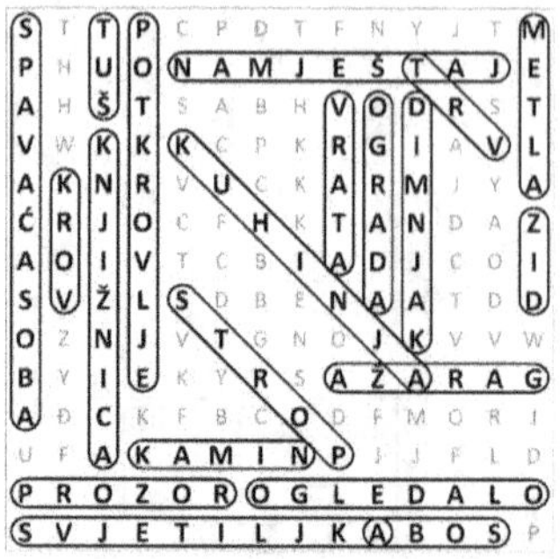

85 - Bauernhof #1

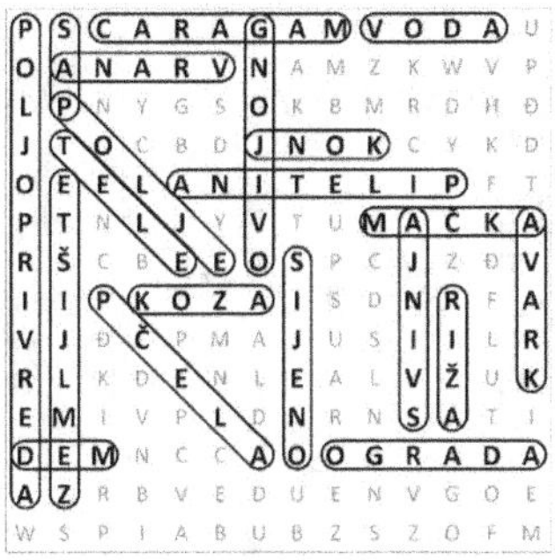

86 - Regierung

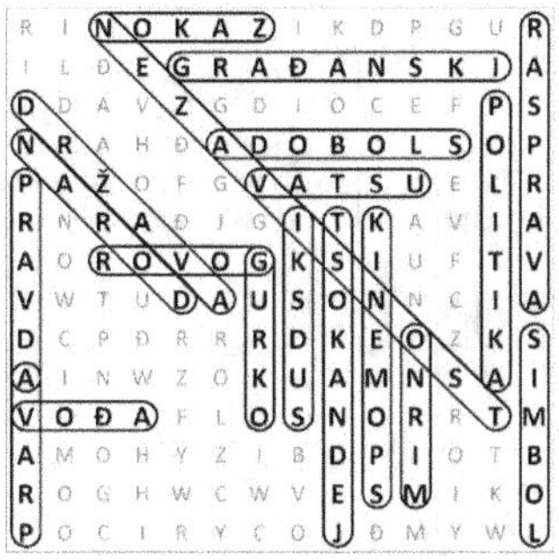

87 - Berufe #1

88 - Adjektive #1

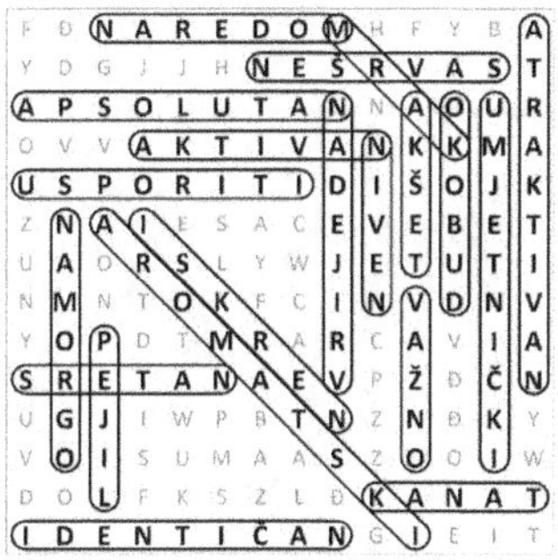

89 - Geometrie

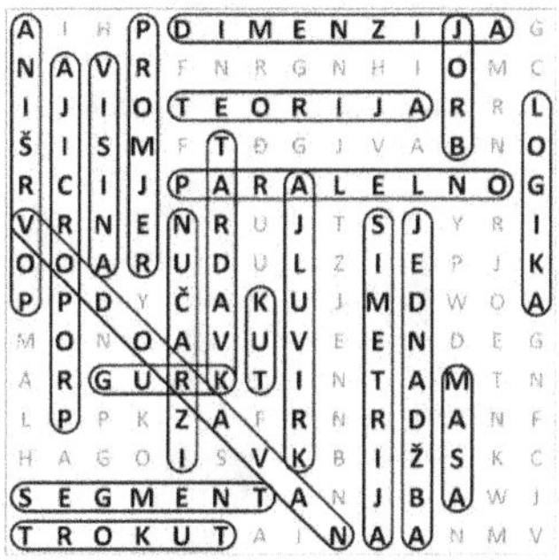

90 - Jazz

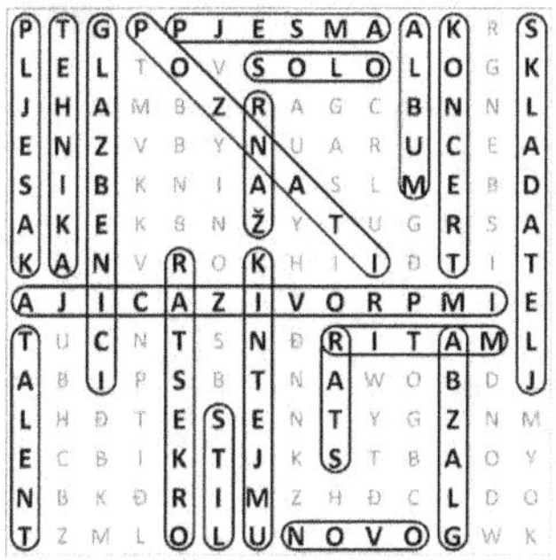

91 - Mathematik

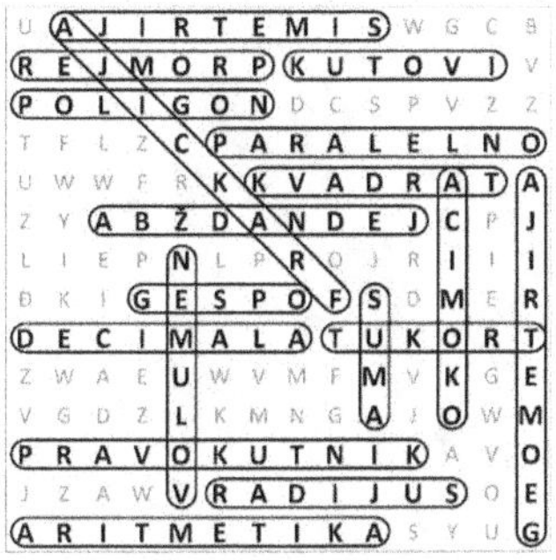

92 - Messungen

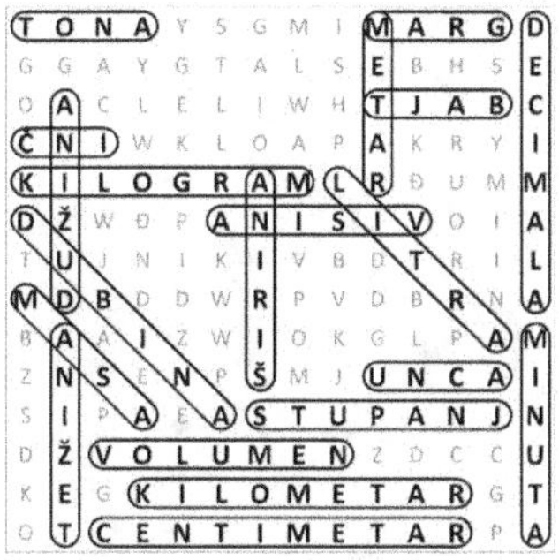

93 - Boxen

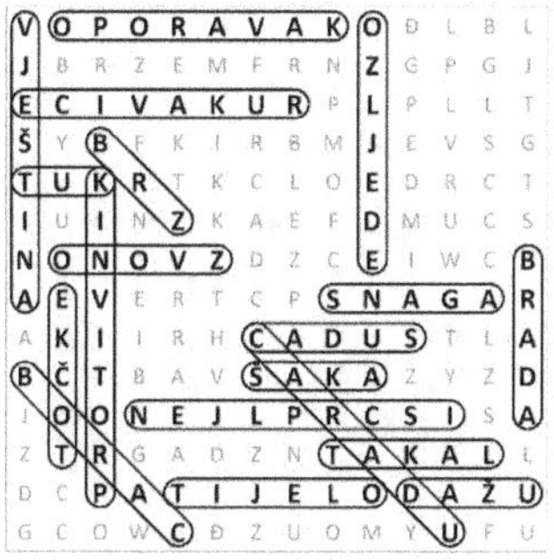

94 - Psychologie

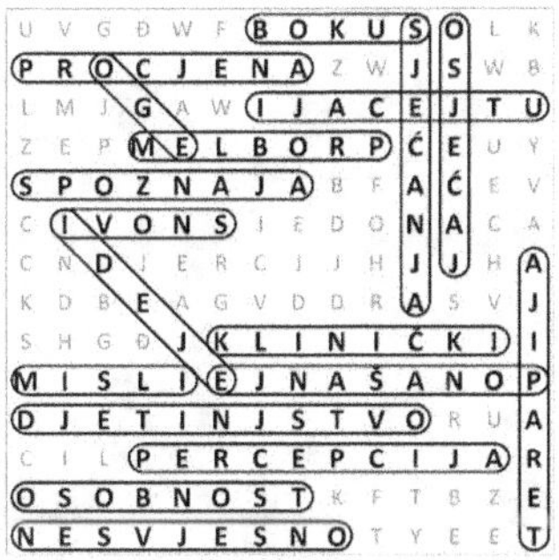

95 - Bauernhof #2

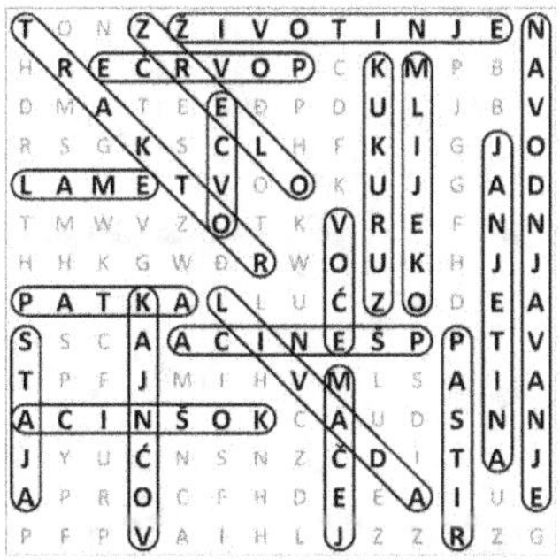

96 - Gartenarbeit

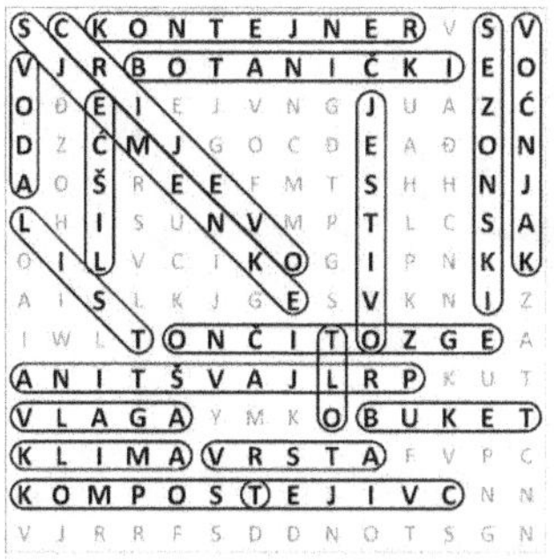

97 - Berufe #2

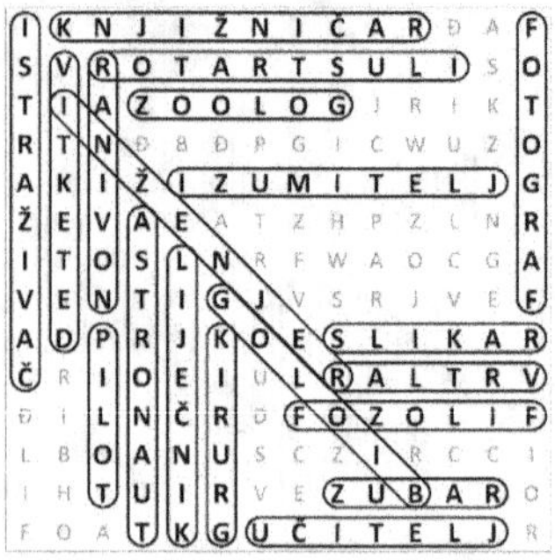

98 - Wetter

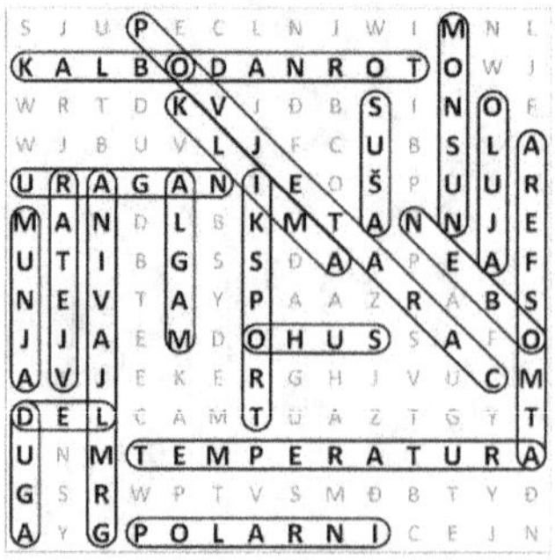

99 - Chemie

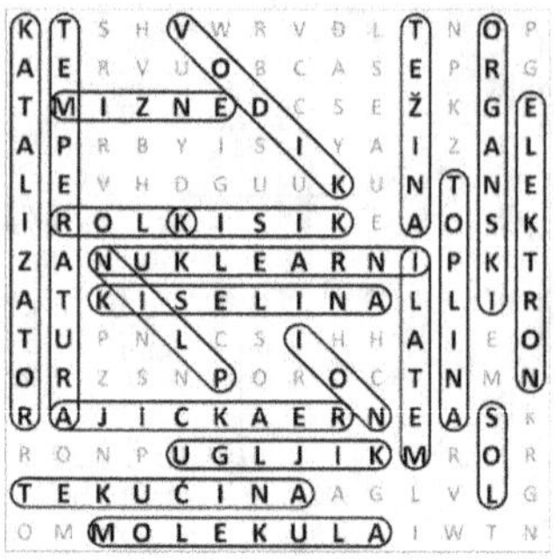

Wörterbuch

Abenteuer
Avantura

Aktivität	Aktivnost
Ausflug	Izlet
Begeisterung	Entuzijazam
Chance	Prilika
Freude	Radost
Freunde	Prijatelji
Gefährlich	Opasno
Natur	Priroda
Navigation	Navigacija
Neu	Novo
Reisen	Putovanja
Route	Itinerar
Schönheit	Ljepota
Schwierigkeit	Teškoća
Sicherheit	Sigurnost
Tapferkeit	Hrabrost
Ungewöhnlich	Neobično
Überraschend	Iznenađujući
Vorbereitung	Priprema
Ziel	Odredište

Adjektive #1
Pridjevi № 1

Absolut	Apsolutan
Aktiv	Aktivan
Aromatisch	Aromatski
Attraktiv	Atraktivan
Dunkel	Mrak
Dünn	Tanak
Ehrlich	Iskren
Glücklich	Sretan
Identisch	Identičan
Künstlerisch	Umjetnički
Langsam	Usporiti
Modern	Moderan
Perfekt	Savršen
Riesig	Ogroman
Schön	Lijep
Schwer	Teška
Tief	Duboko
Unschuldig	Nevin
Wertvoll	Vrijedan
Wichtig	Važno

Adjektive #2
Pridjevi № 2

Authentisch	Autentično
Berühmt	Poznati
Beschreibend	Opisni
Dramatisch	Dramatičan
Elegant	Elegantan
Essbar	Jestivo
Frisch	Svježe
Gesund	Zdrav
Hungrig	Gladan
Interessant	Zanimljiv
Kreativ	Kreativni
Natürlich	Prirodno
Neu	Novo
Normal	Normalan
Produktiv	Produktivni
Salzig	Slan
Stark	Jak
Stolz	Ponosan
Verantwortlich	Odgovoran
Wild	Divlji

Aktivitäten
Aktivnosti

Aktivität	Aktivnost
Angeln	Ribarstvo
Camping	Kampiranje
Entspannung	Opuštanje
Fähigkeit	Vještina
Fotografie	Fotografija
Gartenarbeit	Vrtlarstvo
Gemälde	Slika
Jagd	Lov
Keramik	Keramika
Kunst	Umjetnost
Kunsthandwerk	Obrt
Lesen	Čitanje
Magie	Magija
Nähen	Šivanje
Spiele	Igre
Stricken	Pletenje
Tanzen	Ples
Vergnügen	Zadovoljstvo
Wandern	Pješačenje

Aktivitäten und Freizeit
Zabava i Slobodno Vrijeme

Angeln	Ribarstvo
Baseball	Bejzbol
Basketball	Košarka
Boxen	Boks
Camping	Kampiranje
Entspannend	Opuštanje
Fussball	Nogomet
Gartenarbeit	Vrtlarstvo
Gemälde	Slika
Golf	Golf
Hobbies	Hobiji
Kunst	Umjetnost
Reise	Putovati
Schwimmen	Plivanje
Surfen	Surfanje
Tauchen	Ronjenje
Tennis	Tenis
Volleyball	Odbojka
Wandern	Pješačenje

Algebra
Algebra

Bruchteil	Frakcija
Diagramm	Dijagram
Exponent	Eksponent
Faktor	Faktor
Falsch	Lažno
Formel	Formula
Gleichung	Jednadžba
Graph	Grafikon
Linear	Linearni
Lösen	Riješiti
Lösung	Rješenje
Matrix	Matrica
Menge	Količina
Null	Nula
Nummer	Broj
Problem	Problem
Subtraktion	Oduzimanje
Summe	Suma
Unendlich	Beskonačno
Variable	Varijabla

Angeln
Ribarstvo

Ausrüstung	Oprema
Boot	Čamac
Draht	Žica
Flossen	Peraje
Fluss	Rijeka
Geduld	Strpljenje
Gewicht	Težina
Haken	Kuka
Jahreszeit	Sezona
Kiefer	Čeljust
Kiemen	Škrge
Kochen	Kuhati
Korb	Košara
Köder	Mamac
Ozean	Ocean
See	Jezero
Strand	Plaža
Übertreibung	Pretjerivanje
Waage	Vaga
Wasser	Voda

Antarktis
Antarktika

Bucht	Zaljev
Eis	Led
Erhaltung	Konzervacija
Expedition	Ekspedicija
Felsig	Stjenovita
Forscher	Istraživač
Geographie	Geografija
Gletscher	Ledenjaci
Halbinsel	Poluotok
Kontinent	Kontinent
Migration	Migracija
Mineralien	Minerali
Temperatur	Temperatura
Topographie	Topografija
Umwelt	Okoliš
Vögel	Ptice
Wasser	Voda
Wetter	Vrijeme
Wind	Vjetrovi
Wissenschaftlich	Znanstven

Antiquitäten
Antikviteti

Alt	Star
Authentisch	Autentično
Dekorativ	Ukrasno
Elegant	Elegantan
Enthusiast	Entuzijasta
Galerie	Galerija
Gemälde	Slike
Investition	Ulaganje
Jahrhundert	Stoljeće
Kunst	Umjetnost
Möbel	Namještaj
Münzen	Kovanice
Preis	Cijena
Qualität	Kvaliteta
Schmuck	Nakit
Skulptur	Skulptura
Stil	Stil
Ungewöhnlich	Neobično
Wert	Vrijednost
Zustand	Stanje

Astronomie
Astronomija

Asteroid	Asteroid
Astronaut	Astronaut
Astronom	Astronom
Erde	Zemlja
Himmel	Nebo
Komet	Komet
Konstellation	Konstelacija
Kosmos	Kozmos
Meteor	Meteor
Mond	Mjesec
Nebel	Maglica
Observatorium	Zvjezdarnica
Planet	Planeta
Rakete	Raketa
Satellit	Satelit
Stern	Zvijezda
Supernova	Supernova
Teleskop	Teleskop
Tierkreis	Zodijak
Universum	Svemir

Ballett
Balet

Anmutig	Graciozan
Applaus	Pljesak
Ausdrucksvoll	Izražajan
Ballerina	Balerina
Choreographie	Koreografija
Fähigkeit	Vještina
Geste	Gesta
Intensität	Intenzitet
Komponist	Skladatelj
Künstlerisch	Umjetnički
Musik	Glazba
Muskel	Mišići
Orchester	Orkestar
Probe	Proba
Publikum	Publika
Rhythmus	Ritam
Solo	Solo
Stil	Stil
Tänzer	Plesači
Technik	Tehnika

Barbecues
Roštilji

Abendessen	Večera
Familie	Obitelj
Frucht	Voće
Gabeln	Vilice
Gemüse	Povrće
Grill	Roštilj
Heiss	Vruće
Huhn	Piletina
Hunger	Glad
Kinder	Djeca
Kochen	Kuhanje
Messer	Noževi
Mittagessen	Ručak
Musik	Glazba
Pfeffer	Papar
Salate	Salate
Salz	Sol
Sommer	Ljeto
Sosse	Umak
Spiele	Igre

Bauernhof #1
Farma Broj 1

Biene	Pčela
Dünger	Gnojivo
Esel	Magarac
Feld	Polje
Heu	Sijeno
Honig	Med
Huhn	Piletina
Hund	Pas
Kalb	Tele
Katze	Mačka
Krähe	Vrana
Kuh	Krava
Land	Zemljište
Landwirtschaft	Poljoprivreda
Pferd	Konj
Reis	Riža
Schwein	Svinja
Wasser	Voda
Zaun	Ograda
Ziege	Koza

Bauernhof #2
Farma № 2

Bewässerung	Navodnjavanje
Bienenstock	Košnica
Ente	Patka
Frucht	Voće
Gemüse	Povrće
Gerste	Ječam
Lama	Lame
Lamm	Janjetina
Mais	Kukuruz
Milch	Mlijeko
Obstgarten	Voćnjak
Reif	Zrelo
Schaf	Ovce
Schäfer	Pastir
Scheune	Staja
Tiere	Životinje
Traktor	Traktor
Weizen	Pšenica
Wiese	Livada
Windmühle	Vjetrenjača

Berufe #1
Zanimanja № 1

Arzt	Liječnik
Astronom	Astronom
Bankier	Bankar
Botschafter	Ambasador
Buchhalter	Računovođa
Editor	Urednik
Geologe	Geolog
Jäger	Lovac
Juwelier	Zlatar
Kartograph	Kartograf
Künstler	Umjetnik
Mechaniker	Mehaničar
Musiker	Glazbenik
Pianist	Pijanist
Psychologe	Psiholog
Rechtsanwalt	Odvjetnik
Schneider	Krojač
Tänzer	Plesačica
Tierarzt	Veterinar
Trainer	Trener

Berufe #2
Zanimanja № 2

Arzt	Liječnik
Astronaut	Astronaut
Bibliothekar	Knjižničar
Biologe	Biolog
Chirurg	Kirurg
Detektiv	Detektiv
Erfinder	Izumitelj
Forscher	Istraživač
Fotograf	Fotograf
Gärtner	Vrtlar
Illustrator	Ilustrator
Ingenieur	Inženjer
Journalist	Novinar
Lehrer	Učitelj
Linguist	Jezikoslovac
Maler	Slikar
Philosoph	Filozof
Pilot	Pilot
Zahnarzt	Zubar
Zoologe	Zoolog

Bienen
Pčele

Bestäuber	Oprašivač
Bienenkorb	Košnica
Blumen	Cvijeće
Blüte	Cvijet
Flügel	Krila
Frucht	Voće
Garten	Vrt
Honig	Med
Insekt	Kukac
Königin	Kraljica
Lebensraum	Stanište
Ökosystem	Ekosustav
Pflanzen	Bilje
Pollen	Pelud
Rauch	Dim
Schwarm	Roj
Sonne	Sunce
Vielfalt	Raznolikost
Vorteilhaft	Korisno
Wachs	Vosak

Bildende Kunst
Vizualne Umjetnosti

Architektur	Arhitektura
Bleistift	Olovka
Film	Film
Gemälde	Slika
Holzkohle	Ugljen
Keramik	Keramika
Kreativität	Kreativnost
Kreide	Kreda
Künstler	Umjetnik
Lack	Lak
Meisterwerk	Remek-Djelo
Perspektive	Perspektiva
Porträt	Portret
Schablone	Matrica
Skulptur	Skulptura
Staffelei	Stalak
Ton	Glina
Wachs	Vosak
Zusammensetzung	Sastav

Blumen
Cvijeće

Blütenblatt	Latica
Gardenie	Gardenija
Gänseblümchen	Tratinčica
Hibiskus	Hibiskus
Jasmin	Jasmin
Klee	Djetelina
Lavendel	Lavanda
Lila	Lila
Lilie	Ljiljan
Löwenzahn	Maslačak
Magnolie	Magnolija
Mohn	Mak
Orchidee	Orhideja
Pfingstrose	Božur
Plumeria	Plumerija
Rose	Ruža
Sonnenblume	Suncokret
Strauss	Buket
Tulpe	Tulipan

Boote
Brodovi

Anker	Sidro
Boje	Plutača
Crew	Posada
Dock	Pristanište
Fähre	Trajekt
Floss	Splav
Fluss	Rijeka
Kajak	Kajak
Kanu	Kanu
Mast	Jarbol
Meer	More
Motor	Motor
Nautisch	Pomorski
Ozean	Ocean
See	Jezero
Seemann	Mornar
Segelboot	Jedrilica
Seil	Uže
Wellen	Valovi
Yacht	Jahta

Boxen
Boks

Ecke	Kut
Ellbogen	Lakat
Erschöpft	Iscrpljen
Faust	Šaka
Fähigkeit	Vještina
Gegner	Protivnik
Glocke	Zvono
Handschuhe	Rukavice
Kämpfer	Borac
Kick	Udarac
Kinn	Brada
Körper	Tijelo
Punkte	Točke
Recovery	Oporavak
Schiedsrichter	Sudac
Schnell	Brz
Seile	Užad
Stärke	Snaga
Verletzungen	Ozljede

Bücher
Knjige

Abenteuer	Avantura
Autor	Autor
Dualität	Dualnost
Episch	Ep
Erfinderisch	Inventivni
Erzähler	Pripovjedač
Gedicht	Pjesma
Geschichte	Priča
Geschrieben	Napisan
Historisch	Povijesni
Humorvoll	Duhovit
Kollektion	Zbirka
Kontext	Kontekst
Leser	Čitač
Literarisch	Literarni
Poesie	Poezija
Roman	Roman
Seite	Stranica
Serie	Serija
Tragisch	Tragično

Camping
Kampiranje

Abenteuer	Avantura
Berg	Planina
Feuer	Vatra
Hängematte	Viseća
Hut	Šešir
Insekt	Kukac
Jagd	Lov
Kabine	Kabina
Kanu	Kanu
Karte	Karta
Kompass	Kompas
Laterne	Fenjer
Mond	Mjesec
Natur	Priroda
See	Jezero
Seil	Uže
Spass	Zabava
Tiere	Životinje
Wald	Šuma
Zelt	Šator

Chemie
Kemija

Chlor	Klor
Elektron	Elektron
Enzym	Enzim
Flüssigkeit	Tekućina
Gas	Plin
Gewicht	Težina
Hitze	Toplina
Ion	Ion
Katalysator	Katalizator
Kohlenstoff	Ugljik
Metalle	Metali
Molekül	Molekula
Nuklear	Nuklearni
Organisch	Organski
Reaktion	Reakcija
Salz	Sol
Sauerstoff	Kisik
Säure	Kiselina
Temperatur	Temperatura
Wasserstoff	Vodik

Das Unternehmen
Tvrtka

Beschäftigung	Zapošljavanje
Einheiten	Jedinice
Einnahmen	Prihod
Entscheidung	Odluka
Fortschritt	Napredak
Geschäft	Poslovanje
Global	Globalno
Industrie	Industrija
Innovativ	Inovativan
Investition	Ulaganje
Kreativ	Kreativni
Löhne	Plaće
Möglichkeit	Mogućnost
Präsentation	Prezentacija
Produkt	Proizvod
Qualität	Kvaliteta
Ressourcen	Resursi
Risiken	Rizici
Ruf	Ugled

Diplomatie
Diplomacija

Auflösung	Odluka
Ausländisch	Strani
Berater	Savjetnik
Botschafter	Ambasador
Bürger	Građani
Diplomatisch	Diplomatski
Diskussion	Rasprava
Ethik	Etika
Gemeinschaft	Zajednica
Gerechtigkeit	Pravda
Humanitär	Humanitarni
Integrität	Integritet
Konflikt	Sukob
Lösung	Rješenje
Politik	Politika
Regierung	Vlada
Sicherheit	Sigurnost
Sprachen	Jezici
Vertrag	Ugovor
Zusammenarbeit	Suradnja

Elektrizität
Struja

Ausrüstung	Oprema
Batterie	Baterija
Drähte	Žice
Elektriker	Električar
Elektrisch	Električni
Fernsehen	Televizija
Generator	Generator
Kabel	Kabel
Lagerung	Skladištenje
Lampe	Svjetiljka
Laser	Laser
Magnet	Magnet
Menge	Količina
Negativ	Negativan
Netzwerk	Mreža
Objekte	Objekti
Positiv	Pozitivan
Steckdose	Utičnica
Telefon	Telefon

Energie
Energija

Batterie	Baterija
Benzin	Benzin
Brennstoff	Gorivo
Diesel	Dizel
Elektrisch	Električni
Elektron	Elektron
Entropie	Entropija
Erneuerbar	Obnovljiv
Hitze	Toplina
Industrie	Industrija
Kohlenstoff	Ugljik
Motor	Motor
Nuklear	Nuklearni
Photon	Foton
Sonne	Sunce
Turbine	Turbina
Umwelt	Okoliš
Verschmutzung	Zagađenje
Wasserstoff	Vodik
Wind	Vjetar

Ernährung
Prehrana

Appetit	Apetit
Ausgewogen	Uravnotežen
Bitter	Gorak
Diät	Dijeta
Essbar	Jestivo
Fermentation	Vrenje
Geschmack	Okus
Gesund	Zdrav
Gesundheit	Zdravlje
Getreide	Žitarice
Gewicht	Težina
Kalorien	Kalorije
Nährstoff	Hranljiv
Portion	Dio
Proteine	Proteini
Qualität	Kvaliteta
Sosse	Umak
Toxin	Toksin
Verdauung	Probava
Vitamin	Vitamin

Essen #1
Hrana # 1

Basilikum	Bosiljak
Birne	Kruška
Erdbeere	Jagoda
Erdnuss	Kikiriki
Fleisch	Meso
Kaffee	Kava
Karotte	Mrkva
Knoblauch	Češnjak
Milch	Mlijeko
Rübe	Repa
Saft	Sok
Salat	Salata
Salz	Sol
Spinat	Špinat
Suppe	Juha
Thunfisch	Tuna
Zimt	Cimet
Zitrone	Limun
Zucker	Šećer
Zwiebel	Luk

Essen #2
Hrana # 2

Apfel	Jabuka
Artischocke	Artičoka
Aubergine	Patlidžan
Banane	Banana
Brokkoli	Brokula
Brot	Kruh
Ei	Jaje
Fisch	Riba
Joghurt	Jogurt
Käse	Sir
Kirsche	Trešnja
Mandel	Badem
Pilz	Gljiva
Reis	Riža
Schinken	Šunka
Schokolade	Čokolada
Sellerie	Celer
Spargel	Šparoga
Tomate	Rajčica
Weizen	Pšenica

Fahren
Vožnja

Auto	Automobil
Bremsen	Kočnice
Brennstoff	Gorivo
Bus	Autobus
Garage	Garaža
Gas	Plin
Gefahr	Opasnost
Geschwindigkeit	Brzina
Karte	Karta
Lizenz	Licenca
Lkw	Kamion
Motor	Motor
Motorrad	Motocikl
Polizei	Policija
Sicherheit	Sigurnost
Transport	Prijevoz
Tunnel	Tunel
Unfall	Nesreća
Verkehr	Promet
Vorsicht	Oprez

Fahrzeuge
Vozila

Auto	Automobil
Boot	Čamac
Bus	Autobus
Fahrrad	Bicikl
Fähre	Trajekt
Floss	Splav
Flugzeug	Zrakoplov
Hubschrauber	Helikopter
Krankenwagen	Hitna Pomoć
Lkw	Kamion
Motor	Motor
Rakete	Raketa
Reifen	Gume
Roller	Skuter
Taxi	Taksi
Traktor	Traktor
U-Boot	Podmornica
Van	Kombi
Wohnwagen	Karavan
Zug	Vlak

Familie
Obitelj

Bruder	Brat
Ehefrau	Supruga
Ehemann	Muž
Enkel	Unuk
Grossmutter	Baka
Grossvater	Djed
Kind	Dijete
Kindheit	Djetinjstvo
Mutter	Majka
Mütterlich	Majčinski
Neffe	Nećak
Nichte	Nećakinja
Onkel	Ujak
Schwester	Sestra
Tante	Tetka
Tochter	Kći
Vater	Otac
Väterlich	Očinski
Vetter	Rođak
Vorfahr	Predak

Flugzeuge
Zrakoplovi

Abenteuer	Avantura
Abstieg	Silazak
Atmosphäre	Atmosfera
Aufblasen	Napuhati
Ballon	Balon
Brennstoff	Gorivo
Crew	Posada
Design	Dizajn
Geschichte	Povijest
Himmel	Nebo
Höhe	Visina
Konstruktion	Izgradnja
Luft	Zrak
Motor	Motor
Passagier	Putnik
Pilot	Pilot
Propeller	Propeleri
Turbulenz	Turbulencija
Wasserstoff	Vodik
Wetter	Vrijeme

Formen
Obrasci

Bogen	Luk
Dreieck	Trokut
Ecke	Kut
Ellipse	Elipsa
Hyperbel	Hiperbola
Kanten	Rubovi
Kegel	Konus
Kreis	Krug
Kugel	Sfera
Kurve	Krivulja
Linie	Crta
Oval	Ovalan
Polygon	Poligon
Prisma	Prizma
Pyramide	Piramida
Quadrat	Kvadrat
Rechteck	Pravokutnik
Seite	Strana
Würfel	Kocka
Zylinder	Cilindar

Garten
Vrt

Bank	Klupa
Baum	Drvo
Blume	Cvijet
Boden	Tlo
Busch	Grm
Garage	Garaža
Garten	Vrt
Gras	Trava
Hängematte	Viseća
Obstgarten	Voćnjak
Rasen	Travnjak
Rechen	Grablje
Schaufel	Lopata
Schlauch	Crijevo
Teich	Ribnjak
Terrasse	Terasa
Trampolin	Trampolin
Unkraut	Korov
Veranda	Trijem
Zaun	Ograda

Gartenarbeit
Vrtlarstvo

Art	Vrsta
Blatt	List
Blüte	Cvijet
Boden	Tlo
Botanisch	Botanički
Container	Kontejner
Essbar	Jestivo
Exotisch	Egzotično
Feuchtigkeit	Vlaga
Klima	Klima
Kompost	Kompost
Laub	Lišće
Obstgarten	Voćnjak
Saat	Sjemenke
Saisonal	Sezonski
Schlauch	Crijevo
Schmutz	Prljavština
Strauss	Buket
Wasser	Voda

Gebäude
Građevine

Bauernhof	Farma
Fabrik	Tvornica
Garage	Garaža
Haus	Kuća
Herberge	Hostel
Hotel	Hotel
Kabine	Kabina
Kino	Kino
Krankenhaus	Bolnica
Labor	Laboratorij
Museum	Muzej
Observatorium	Zvjezdarnica
Scheune	Staja
Schule	Škola
Stadion	Stadion
Supermarkt	Supermarket
Theater	Kazalište
Turm	Toranj
Universität	Sveučilište
Zelt	Šator

Gemüse
Povrće

Artischocke	Artičoka
Aubergine	Patlidžan
Blumenkohl	Karfiol
Brokkoli	Brokula
Erbse	Grašak
Gurke	Krastavac
Ingwer	Đumbir
Karotte	Mrkva
Kartoffel	Krumpir
Knoblauch	Češnjak
Kürbis	Bundeva
Olive	Maslina
Petersilie	Peršin
Pilz	Gljiva
Rübe	Repa
Salat	Salata
Sellerie	Celer
Spinat	Špinat
Tomate	Rajčica
Zwiebel	Luk

Geographie
Geografija

Atlas	Atlas
Äquator	Ekvator
Berg	Planina
Breite	Širina
Fluss	Rijeka
Gebiet	Područje
Hemisphäre	Hemisfera
Höhe	Visina
Insel	Otok
Karte	Karta
Kontinent	Kontinent
Land	Zemlja
Meer	More
Meridian	Meridijan
Norden	Sjever
Ozean	Ocean
Region	Regija
Stadt	Grad
Welt	Svijet
West	Zapad

Geologie
Geologija

Erdbeben	Potres
Erosion	Erozija
Fossil	Fosil
Geschmolzen	Rastopljen
Geysir	Gejzir
Höhle	Kaverna
Kalzium	Kalcij
Kontinent	Kontinent
Koralle	Koralja
Lava	Lava
Mineralien	Minerali
Plateau	Plato
Quarz	Kvarc
Salz	Sol
Säure	Kiselina
Stalagmiten	Stalagmiti
Stalaktit	Stalaktit
Stein	Kamen
Vulkan	Vulkan
Zone	Zona

Geometrie
Geometrija

Anteil	Proporcija
Berechnung	Izračun
Dimension	Dimenzija
Dreieck	Trokut
Durchmesser	Promjer
Gleichung	Jednadžba
Horizontal	Vodoravan
Höhe	Visina
Kreis	Krug
Kurve	Krivulja
Logik	Logika
Masse	Masa
Nummer	Broj
Oberfläche	Površina
Parallel	Paralelno
Quadrat	Kvadrat
Segment	Segment
Symmetrie	Simetrija
Theorie	Teorija
Winkel	Kut

Geschäft
Poslovanje

Arbeitgeber	Poslodavac
Budget	Proračun
Büro	Ured
Einkommen	Prihod
Fabrik	Tvornica
Geld	Novac
Geschäft	Dućan
Gewinn	Dobit
Investition	Ulaganje
Karriere	Karijera
Kosten	Trošak
Manager	Menadžer
Mitarbeiter	Zaposlenik
Rabatt	Popust
Steuern	Porezi
Transaktion	Transakcija
Verkauf	Prodaja
Ware	Roba
Währung	Valuta
Wirtschaft	Ekonomija

Gesundheit und Wellness #1
Zdravlje i Wellness # 1

Aktiv	Aktivan
Apotheke	Ljekarna
Arzt	Liječnik
Bakterien	Bakterije
Behandlung	Liječenje
Entspannung	Opuštanje
Fraktur	Lom
Gewohnheit	Navika
Haut	Koža
Höhe	Visina
Hunger	Glad
Klinik	Klinika
Knochen	Kosti
Medizin	Lijek
Medizinisch	Medicinski
Nerven	Živci
Reflex	Refleks
Therapie	Terapija
Verletzung	Ozljeda
Virus	Virus

Gesundheit und Wellness #2
Zdravlje i Wellness # 2

Allergie	Alergija
Anatomie	Anatomija
Appetit	Apetit
Blut	Krv
Diät	Dijeta
Energie	Energija
Genetik	Genetika
Gesund	Zdrav
Gewicht	Težina
Hygiene	Higijena
Infektion	Infekcija
Kalorie	Kalorija
Krankenhaus	Bolnica
Krankheit	Bolest
Massage	Masaža
Risiken	Rizici
Schlafen	Spavati
Sport	Sportski
Stress	Stres
Vitamin	Vitamin

Gewürze
Začini

Anis	Anis
Bitter	Gorak
Curry	Curry
Fenchel	Komorač
Geschmack	Okus
Ingwer	Đumbir
Kardamom	Kardamom
Knoblauch	Češnjak
Koriander	Korijander
Kreuzkümmel	Kumin
Lakritze	Slatki
Paprika	Paprika
Pfeffer	Papar
Safran	Šafran
Salz	Sol
Sauer	Kiselo
Süss	Slatko
Vanille	Vanilija
Zimt	Cimet
Zwiebel	Luk

Haartypen
Vrste Kose

Blond	Plavuša
Braun	Smeđ
Dick	Debeo
Dünn	Tanak
Geflochten	Pletena
Gesund	Zdrav
Glänzend	Sjajan
Grau	Siva
Kahl	Ćelav
Kurz	Kratak
Lang	Dugo
Locken	Kovrče
Lockig	Kovrčava
Schwarz	Crna
Silber	Srebro
Trocken	Suho
Weich	Mekan
Weiss	Bijeli
Wellig	Valovita
Zöpfe	Pletenice

Haus
Kuća

Besen	Metla
Bibliothek	Knjižnica
Dach	Krov
Dachboden	Potkrovlje
Decke	Strop
Dusche	Tuš
Fenster	Prozor
Garage	Garaža
Garten	Vrt
Kamin	Kamin
Küche	Kuhinja
Lampe	Svjetiljka
Möbel	Namještaj
Schlafzimmer	Spavaća Soba
Schornstein	Dimnjak
Spiegel	Ogledalo
Tür	Vrata
Wand	Zid
Zaun	Ograda
Zimmer	Soba

Haustiere
Kućni Ljubimci

Eidechse	Gušter
Essen	Hrana
Fisch	Riba
Hamster	Hrčak
Hase	Zec
Hund	Pas
Katze	Mačka
Kätzchen	Mače
Kragen	Ovratnik
Krallen	Kandže
Kuh	Krava
Maus	Miš
Papagei	Papiga
Pfoten	Šape
Schildkröte	Kornjača
Schwanz	Rep
Tierarzt	Veterinar
Wasser	Voda
Welpe	Štene
Ziege	Koza

Ingenieurwesen
Inženjerska Umjetnost

Achse	Os
Antrieb	Pogon
Berechnung	Izračun
Diagramm	Dijagram
Diesel	Dizel
Durchmesser	Promjer
Energie	Energija
Flüssigkeit	Tekućina
Getriebe	Zupčanici
Hebel	Poluge
Konstruktion	Izgradnja
Maschine	Stroj
Messung	Mjerenje
Motor	Motor
Stabilität	Stabilnost
Stärke	Snaga
Struktur	Struktura
Tiefe	Dubina
Verteilung	Distribucija
Winkel	Kut

Insekten
Insekti

Ameise	Mrav
Biene	Pčela
Blattlaus	Lisne Uši
Floh	Buha
Gottesanbeterin	Bogomoljka
Heuschrecke	Skakavac
Hornisse	Stršljen
Kakerlake	Žohar
Käfer	Buba
Larve	Larva
Libelle	Vilin Konjic
Marienkäfer	Bubamara
Motte	Moljac
Mücke	Komarac
Schmetterling	Leptir
Termite	Termit
Wespe	Osa
Wurm	Crv
Zikade	Cvrčak

Jazz
Jazz

Album	Album
Alt	Star
Applaus	Pljesak
Berühmt	Poznati
Favoriten	Favoriti
Genre	Žanr
Improvisation	Improvizacija
Komponist	Skladatelj
Konzert	Koncert
Künstler	Umjetnik
Lied	Pjesma
Musik	Glazba
Musiker	Glazbenici
Neu	Novo
Orchester	Orkestar
Rhythmus	Ritam
Solo	Solo
Stil	Stil
Talent	Talent
Technik	Tehnika

Kaffee
Kava

Aroma	Aroma
Bitter	Gorak
Creme	Krema
Filter	Filtar
Flüssigkeit	Tekućina
Geröstet	Pržena
Geschmack	Okus
Getränk	Piće
Koffein	Kofein
Mahlen	Samljeti
Milch	Mlijeko
Morgen	Jutro
Preis	Cijena
Sauer	Kiselo
Schwarz	Crna
Tasse	Šalica
Ursprung	Podrijetlo
Vielfalt	Raznolikost
Wasser	Voda
Zucker	Šećer

Kleidung
Odjeća

Armband	Narukvica
Bluse	Bluza
Gürtel	Pojas
Halskette	Ogrlica
Handschuhe	Rukavice
Hemd	Košulja
Hose	Hlače
Hut	Šešir
Jacke	Jakna
Jeans	Traperice
Kleid	Haljina
Mantel	Kaput
Mode	Moda
Pullover	Džemper
Rock	Suknja
Schal	Šal
Schlafanzug	Pidžama
Schmuck	Nakit
Schuh	Cipela
Schürze	Pregača

Kräuterkunde
Herbalizam

Aromatisch	Aromatski
Basilikum	Bosiljak
Blume	Cvijet
Dill	Kopar
Estragon	Dragulj
Fenchel	Komorač
Garten	Vrt
Geschmack	Okus
Grün	Zelen
Knoblauch	Češnjak
Kulinarisch	Kulinarski
Lavendel	Lavanda
Majoran	Mažuran
Petersilie	Peršin
Qualität	Kvaliteta
Rosmarin	Ružmarin
Safran	Šafran
Thymian	Timijan
Vorteilhaft	Korisno
Zutat	Sastojak

Kreativität
Kreativnost

Ausdruck	Izraz
Authentizität	Autentičnost
Bild	Slika
Dramatisch	Dramatičan
Eindruck	Dojam
Erfinderisch	Inventivni
Fähigkeit	Vještina
Flüssigkeit	Fluidnost
Gefühle	Osjećaje
Ideen	Ideje
Inspiration	Inspiracija
Intensität	Intenzitet
Intuition	Intuicija
Klarheit	Jasnoća
Künstlerisch	Umjetnički
Phantasie	Mašta
Sensation	Osjećaj
Spontan	Spontano
Visionen	Vizije
Vitalität	Vitalnost

Kunst Liefert
Umjetnički Pribor

Acryl	Akril
Bleistifte	Olovke
Buntstifte	Bojice
Bürsten	Četke
Farben	Boje
Holzkohle	Ugljen
Ideen	Ideje
Kamera	Kamera
Kreativität	Kreativnost
Leim	Ljepilo
Öl	Ulje
Papier	Papir
Radiergummi	Brisač
Staffelei	Stalak
Stuhl	Stolica
Tabelle	Stol
Tinte	Tinta
Ton	Glina
Wasser	Voda

Landschaften
Krajolici

Berg	Planina
Eisberg	Ledena
Fluss	Rijeka
Geysir	Gejzir
Gletscher	Ledenjak
Golf	Zaljev
Halbinsel	Poluotok
Höhle	Špilja
Hügel	Brdo
Insel	Otok
Meer	More
Oase	Oaza
See	Jezero
Strand	Plaža
Sumpf	Močvara
Tal	Dolina
Tundra	Tundra
Vulkan	Vulkan
Wasserfall	Vodopad
Wüste	Pustinja

Länder #1
Zemlje № 1

Ägypten	Egipat
Brasilien	Brazil
Deutschland	Njemačka
Finnland	Finska
Indien	Indija
Irak	Irak
Israel	Izrael
Italien	Italija
Kambodscha	Kambodža
Kanada	Kanada
Lettland	Latvija
Mali	Mali
Nicaragua	Nikaragva
Norwegen	Norveška
Polen	Poljska
Rumänien	Rumunjska
Senegal	Senegal
Spanien	Španjolska
Venezuela	Venezuela
Vietnam	Vijetnam

Länder #2
Zemlje № 2

Albanien	Albanija
Äthiopien	Etiopija
Frankreich	Francuska
Griechenland	Grčka
Haiti	Haiti
Irland	Irska
Jamaika	Jamajka
Japan	Japan
Kenia	Kenija
Laos	Laos
Liberia	Liberija
Mexiko	Meksiko
Nepal	Nepal
Nigeria	Nigerija
Pakistan	Pakistan
Russland	Rusija
Sudan	Sudan
Syrien	Sirija
Uganda	Uganda
Ukraine	Ukrajina

Literatur
Književnost

Analogie	Analogija
Analyse	Analiza
Anekdote	Anegdota
Autor	Autor
Beschreibung	Opis
Biographie	Biografija
Dialog	Dijalog
Erzähler	Pripovjedač
Fiktion	Fikcija
Gedicht	Pjesma
Metapher	Metafora
Poetisch	Pjesnički
Reim	Rima
Rhythmus	Ritam
Roman	Roman
Schlussfolgerung	Zaključak
Stil	Stil
Thema	Tema
Tragödie	Tragedija
Vergleich	Usporedba

Mathematik
Matematika

Arithmetik	Aritmetika
Bruchteil	Frakcija
Dezimal	Decimala
Dreieck	Trokut
Durchmesser	Promjer
Exponent	Eksponent
Geometrie	Geometrija
Gleichung	Jednadžba
Parallel	Paralelno
Parallelogramm	Paralelogram
Polygon	Poligon
Quadrat	Kvadrat
Radius	Radijus
Rechteck	Pravokutnik
Senkrecht	Okomica
Summe	Suma
Symmetrie	Simetrija
Umfang	Opseg
Volumen	Volumen
Winkel	Kutovi

Meditation
Meditacija

Annahme	Prihvaćanje
Aufmerksamkeit	Pažnja
Bewegung	Pokret
Dankbarkeit	Zahvalnost
Freundlichkeit	Ljubaznost
Frieden	Mir
Gedanken	Misli
Geistig	Mentalno
Glück	Sreća
Klarheit	Jasnoća
Lehre	Učenja
Lernen	Učiti
Mitgefühl	Suosjećanje
Musik	Glazba
Natur	Priroda
Perspektive	Perspektiva
Ruhig	Miran
Stille	Tišina
Verstand	Um
Wach	Budan

Menschlicher Körper
Ljudsko Tijelo

Bein	Noga
Blut	Krv
Ellbogen	Lakat
Finger	Prst
Gehirn	Mozak
Gesicht	Lice
Hals	Vrat
Hand	Ruka
Haut	Koža
Herz	Srce
Kiefer	Čeljust
Kinn	Brada
Knie	Koljeno
Knöchel	Gležanj
Kopf	Glava
Mund	Usta
Nase	Nos
Ohr	Uho
Schulter	Rame
Zunge	Jezik

Messungen
Mjerenja

Breite	Širina
Byte	Bajt
Dezimal	Decimala
Gewicht	Težina
Grad	Stupanj
Gramm	Gram
Höhe	Visina
Kilogramm	Kilogram
Kilometer	Kilometar
Länge	Dužina
Liter	Litra
Masse	Masa
Meter	Metar
Minute	Minuta
Tiefe	Dubina
Tonne	Tona
Unze	Unca
Volumen	Volumen
Zentimeter	Centimetar
Zoll	Inč

Musik
Glazba, Muzika

Album	Album
Ballade	Balada
Chor	Zbor
Harmonie	Sklad
Harmonisch	Harmonijski
Improvisieren	Improvizirati
Instrument	Instrument
Klassisch	Klasični
Lyrisch	Lirski
Melodie	Melodija
Mikrofon	Mikrofon
Musical	Mjuzikl
Musiker	Glazbenik
Oper	Opera
Poetisch	Pjesnički
Rhythmisch	Ritmičan
Rhythmus	Ritam
Sänger	Pjevač
Singen	Pjevati
Tempo	Tempo

Musikinstrumente
Glazbeni Instrumenti

Banjo	Bendžo
Cello	Violončelo
Fagott	Fagot
Flöte	Flauta
Geige	Violina
Gitarre	Gitara
Gong	Gong
Harfe	Harfa
Klarinette	Klarinet
Klavier	Klavir
Mandoline	Mandolina
Marimba	Marimba
Mundharmonika	Harmonika
Oboe	Oboa
Posaune	Trombon
Saxophon	Saksofon
Schlagzeug	Udaraljke
Tamburin	Tamburaški
Trommel	Bubanj
Trompete	Truba

Mythologie
Mitologija

Archetyp	Arhetip
Blitz	Munja
Donner	Grmljavina
Eifersucht	Ljubomora
Held	Junak
Himmel	Nebo
Katastrophe	Katastrofa
Kreation	Stvaranje
Kreatur	Stvorenje
Krieger	Ratnik
Kultur	Kultura
Labyrinth	Labirint
Legende	Legenda
Magisch	Čarobni
Monster	Čudovište
Rache	Osveta
Stärke	Snaga
Sterblich	Smrtnik
Unsterblichkeit	Besmrtnost
Verhalten	Ponašanje

Natur
Priroda

Arktis	Arktik
Berge	Planine
Bienen	Pčele
Dynamisch	Dinamičan
Erosion	Erozija
Fluss	Rijeka
Friedlich	Mirno
Gletscher	Ledenjak
Heiligtum	Svetište
Heiter	Spokojan
Laub	Lišće
Lebenswichtig	Bitan
Nebel	Magla
Schönheit	Ljepota
Schutz	Sklonište
Tiere	Životinje
Tropisch	Tropski
Wald	Šuma
Wild	Divlji
Wüste	Pustinja

Obst
Voće

Ananas	Ananas
Apfel	Jabuka
Aprikose	Marelica
Avocado	Avokado
Banane	Banana
Beere	Bobica
Birne	Kruška
Brombeere	Kupina
Grapefruit	Grejp
Himbeere	Malina
Kirsche	Trešnja
Kiwi	Kivi
Kokosnuss	Kokos
Melone	Dinja
Orange	Naranča
Papaya	Papaja
Pfirsich	Breskva
Pflaume	Šljiva
Traube	Grožđe
Zitrone	Limun

Ozean
Ocean

Aal	Jegulja
Auster	Kamenica
Boot	Čamac
Delfin	Dupin
Fisch	Riba
Garnele	Škampi
Gezeiten	Plime
Hai	Morski Pas
Koralle	Koralja
Krabbe	Rak
Krake	Hobotnica
Qualle	Meduza
Riff	Greben
Salz	Sol
Schildkröte	Kornjača
Schwamm	Spužva
Sturm	Oluja
Thunfisch	Tuna
Wal	Kit
Wellen	Valovi

Ökologie
Ekologija

Art	Vrsta
Berge	Planine
Dürre	Suša
Fauna	Fauna
Flora	Flora
Freiwillige	Volonteri
Gemeinschaft	Zajednice
Global	Globalno
Klima	Klima
Lebensraum	Stanište
Marine	Pomorski
Nachhaltig	Održiv
Natur	Priroda
Natürlich	Prirodno
Pflanzen	Bilje
Ressourcen	Resursi
Sumpf	Močvara
Überleben	Opstanak
Vegetation	Vegetacija
Vielfalt	Raznolikost

Pflanzen
Biljke

Bambus	Bambus
Baum	Drvo
Beere	Bobica
Blatt	List
Blume	Cvijet
Blütenblatt	Latica
Bohne	Grah
Botanik	Botanika
Busch	Grm
Dünger	Gnojivo
Efeu	Bršljan
Flora	Flora
Garten	Vrt
Gras	Trava
Kaktus	Kaktus
Laub	Lišće
Moos	Mahovina
Vegetation	Vegetacija
Wald	Šuma
Wurzel	Korijen

Physik
Fizika

Atom	Atom
Beschleunigung	Ubrzanje
Chaos	Kaos
Chemisch	Kemijski
Dichte	Gustoća
Elektron	Elektron
Experiment	Eksperiment
Formel	Formula
Frequenz	Frekvencija
Gas	Plin
Geschwindigkeit	Brzina
Magnetismus	Magnetizam
Masse	Masa
Mechanik	Mehanika
Molekül	Molekula
Motor	Motor
Nuklear	Nuklearni
Partikel	Čestica
Relativität	Relativnost
Universal	Univerzalan

Psychologie
Psihologija

Bewertung	Procjena
Bewusstlos	Nesvjesno
Ego	Ego
Einflüsse	Utjecaji
Erinnerungen	Sjećanja
Gedanken	Misli
Ideen	Ideje
Kindheit	Djetinjstvo
Klinisch	Klinički
Kognition	Spoznaja
Konflikt	Sukob
Persönlichkeit	Osobnost
Problem	Problem
Sensation	Osjećaj
Therapie	Terapija
Träume	Snovi
Verhalten	Ponašanje
Wahrnehmung	Percepcija
Wirklichkeit	Stvarnost

Regierung
Vlada

Bezirk	Okrug
Demokratie	Demokracija
Denkmal	Spomenik
Diskussion	Rasprava
Freiheit	Sloboda
Friedlich	Mirno
Führer	Vođa
Gerechtigkeit	Pravda
Gesetz	Zakon
Gleichheit	Jednakost
Justiziell	Sudski
Nation	Narod
Politik	Politika
Rechte	Prava
Rede	Govor
Staat	Država
Symbol	Simbol
Unabhängigkeit	Nezavisnost
Verfassung	Ustav
Zivil	Građanski

Restaurant #2
Restoran Broj 2

Abendessen	Večera
Eis	Led
Fisch	Riba
Frucht	Voće
Gabel	Vilica
Gemüse	Povrće
Getränk	Piće
Gewürze	Začini
Kellner	Konobar
Köstlich	Ukusno
Kuchen	Torta
Löffel	Žlica
Mittagessen	Ručak
Nudeln	Rezanci
Salat	Salata
Salz	Sol
Stuhl	Stolica
Suppe	Juha
Vorspeise	Predjelo
Wasser	Voda

Säugetiere
Sisavci

Affe	Majmun
Bär	Snositi
Biber	Dabar
Elefant	Slon
Fuchs	Lisica
Giraffe	Žirafa
Gorilla	Gorila
Hund	Pas
Känguru	Klokan
Kojote	Kojot
Löwe	Lav
Panther	Pantera
Pferd	Konj
Ratte	Štakor
Schaf	Ovce
Stier	Bik
Tiger	Tigar
Wal	Kit
Wolf	Vuk
Zebra	Zebra

Schach
Šah

Champion	Prvak
Diagonal	Dijagonala
Gegner	Protivnik
Klug	Pametan
König	Kralj
Königin	Kraljica
Lernen	Učiti
Opfer	Žrtvovati
Passiv	Pasivno
Punkte	Točke
Regeln	Pravila
Schwarz	Crna
Spiel	Igra
Spieler	Igrač
Strategie	Strategija
Turnier	Turnir
Weiss	Bijeli
Wettbewerb	Natjecanje
Zeit	Vrijeme

Schokolade
Čokolada

Aroma	Aroma
Bitter	Gorak
Erdnüsse	Kikiriki
Essen	Jesti
Exotisch	Egzotično
Favorit	Omiljeni
Geschmack	Okus
Handwerklich	Zanatski
Kakao	Kakao
Kalorien	Kalorije
Karamell	Karamela
Kokosnuss	Kokos
Köstlich	Ukusno
Pulver	Prah
Qualität	Kvaliteta
Rezept	Recept
Süss	Slatko
Verlangen	Žudnja
Zucker	Šećer
Zutat	Sastojak

Schönheit
Ljepota

Anmut	Milost
Charme	Šarm
Dienstleistungen	Usluge
Duft	Miris
Elegant	Elegantan
Eleganz	Elegancija
Farbe	Boja
Fotogen	Fotogeničan
Haut	Koža
Kosmetik	Kozmetika
Lippenstift	Ruž
Locken	Kovrče
Öle	Ulja
Produkte	Proizvodi
Schere	Škare
Shampoo	Šampon
Spiegel	Ogledalo
Stylist	Stilist
Wimperntusche	Maskara

Science Fiction
Znanstvena Fantastika

Bücher	Knjige
Dystopie	Distopija
Explosion	Eksplozija
Extrem	Krajnost
Fantastisch	Fantastičan
Feuer	Vatra
Futuristisch	Futuristički
Galaxie	Galaksija
Geheimnisvoll	Tajanstveni
Illusion	Iluzija
Imaginär	Zamišljen
Kino	Kino
Orakel	Proročište
Planet	Planeta
Realistisch	Realno
Roboter	Roboti
Szenario	Scenarij
Technologie	Tehnologija
Utopie	Utopija
Welt	Svijet

Sport
Sport

Athlet	Sportaš
Ausdauer	Izdržljivost
Diät	Dijeta
Ernährung	Ishrana
Fähigkeit	Sposobnost
Gesundheit	Zdravlje
Joggen	Jogging
Knochen	Kosti
Körper	Tijelo
Maximieren	Maksimizirati
Metabolisch	Metabolički
Muskel	Mišići
Programm	Program
Radfahren	Biciklizam
Schwimmen	Plivati
Sport	Sportski
Stärke	Snaga
Tanzen	Ples
Trainer	Trener
Ziel	Cilj

Sport
Sportski

Athlet	Sportaš
Baseball	Bejzbol
Basketball	Košarka
Bewegung	Pokret
Eishockey	Hokej
Fahrrad	Bicikl
Gewinner	Pobjednik
Golf	Golf
Gymnasium	Gimnazija
Gymnastik	Gimnastika
Mannschaft	Tim
Meisterschaft	Prvenstvo
Schiedsrichter	Sudac
Schwimmen	Plivati
Spiel	Igra
Spieler	Igrač
Stadion	Stadion
Tennis	Tenis
Trainer	Trener

Stadt
Grad

Apotheke	Ljekarna
Bank	Banka
Bäckerei	Pekara
Bibliothek	Knjižnica
Blumenhändler	Cvjećar
Buchhandlung	Knjižara
Flughafen	Zračna Luka
Galerie	Galerija
Hotel	Hotel
Kino	Kino
Klinik	Klinika
Markt	Tržište
Museum	Muzej
Restaurant	Restoran
Schule	Škola
Stadion	Stadion
Supermarkt	Supermarket
Theater	Kazalište
Universität	Sveučilište
Zoo	Zoološki Vrt

Tage und Monate
Dani i Mjeseci

August	Kolovoz
Dezember	Prosinac
Dienstag	Utorak
Donnerstag	Četvrtak
Februar	Veljača
Freitag	Petak
Jahr	Godina
Januar	Siječanj
Juli	Srpanj
Juni	Lipanj
Kalender	Kalendar
Mittwoch	Srijeda
Monat	Mjesec
Montag	Ponedjeljak
November	Studeni
Oktober	Listopad
Samstag	Subota
September	Rujan
Sonntag	Nedjelja
Woche	Tjedan

Tanzen
Ples

Akademie	Akademija
Anmut	Milost
Ausdrucksvoll	Izražajan
Bewegung	Pokret
Choreographie	Koreografija
Emotion	Emocija
Freudig	Radostan
Haltung	Držanje
Klassisch	Klasični
Körper	Tijelo
Kultur	Kultura
Kulturell	Kulturni
Kunst	Umjetnost
Musik	Glazba
Partner	Partner
Probe	Proba
Rhythmus	Ritam
Springen	Skok
Traditionell	Tradicionalan
Visuell	Vidni

Technologie
Tehnologija

Anzeige	Prikaz
Bildschirm	Zaslon
Blog	Blog
Browser	Preglednik
Bytes	Bajtovi
Computer	Računalo
Cursor	Kursor
Datei	Datoteka
Daten	Podaci
Digital	Digitalni
Forschung	Istraživanje
Internet	Internet
Kamera	Kamera
Nachricht	Poruka
Sicherheit	Sigurnost
Software	Softver
Statistik	Statistika
Virtuell	Virtualan
Virus	Virus

Tugenden #1
Vrline # 1

Bescheiden	Skroman
Charmant	Šarmantan
Effizient	Efikasan
Entscheidend	Odlučno
Geduldig	Pacijent
Grosszügig	Velikodušan
Gut	Dobar
Hilfreich	Koristan
Intelligent	Inteligentan
Komisch	Smiješno
Künstlerisch	Umjetnički
Leidenschaftlich	Strasan
Neugierig	Znatiželjan
Praktisch	Praktičan
Sauber	Čist
Unabhängig	Nezavisna
Weise	Mudar
Zuverlässig	Pouzdan
Zuversichtlich	Uvjeren

Universum
Svemir

Asteroid	Asteroid
Astronom	Astronom
Astronomie	Astronomija
Atmosphäre	Atmosfera
Äon	Eon
Äquator	Ekvator
Breite	Širina
Dunkelheit	Tama
Galaxie	Galaksija
Hemisphäre	Hemisfera
Himmel	Nebo
Horizont	Horizont
Kosmisch	Kozmički
Längengrad	Dužina
Mond	Mjesec
Orbit	Orbita
Sichtbar	Vidljiv
Sonnenwende	Solsticij
Teleskop	Teleskop
Tierkreis	Zodijak

Urlaub #2
Odmor № 2

Ausländer	Stranac
Ausländisch	Strani
Berge	Planine
Camping	Kampiranje
Flughafen	Zračna Luka
Hotel	Hotel
Insel	Otok
Karte	Karta
Meer	More
Pass	Putovnica
Reise	Putovanje
Restaurant	Restoran
Strand	Plaža
Taxi	Taksi
Transport	Prijevoz
Urlaub	Odmor
Visum	Viza
Zelt	Šator
Ziel	Odredište
Zug	Vlak

Vögel
Ptice

Adler	Orao
Ei	Jaje
Ente	Patka
Eule	Sova
Flamingo	Flamingo
Gans	Guska
Huhn	Piletina
Krähe	Vrana
Kuckuck	Kukavica
Möwe	Galeb
Papagei	Papiga
Pelikan	Pelikan
Pfau	Paun
Pinguin	Pingvin
Rabe	Gavran
Reiher	Čaplja
Schwan	Labud
Spatz	Vrabac
Storch	Roda
Taube	Golub

Wandern
Planinarenje

Berg	Planina
Camping	Kampiranje
Führer	Vodiči
Gefahren	Opasnosti
Karte	Karta
Klima	Klima
Klippe	Litica
Müde	Umorni
Natur	Priroda
Orientierung	Orijentacija
Parks	Parkovi
Schwer	Teška
Sonne	Sunce
Steine	Kamenje
Stiefel	Čizme
Tiere	Životinje
Vorbereitung	Priprema
Wasser	Voda
Wetter	Vrijeme
Wild	Divlji

Wetter
Vrijeme

Atmosphäre	Atmosfera
Blitz	Munja
Brise	Povjetarac
Donner	Grmljavina
Dürre	Suša
Eis	Led
Himmel	Nebo
Hurrikan	Uragan
Klima	Klima
Monsun	Monsun
Nebel	Magla
Polar	Polarni
Regenbogen	Duga
Sturm	Oluja
Temperatur	Temperatura
Tornado	Tornado
Trocken	Suho
Tropisch	Tropski
Wind	Vjetar
Wolke	Oblak

Wissenschaft
Znanost

Atom	Atom
Chemisch	Kemijski
Daten	Podaci
Evolution	Evolucija
Experiment	Eksperiment
Fossil	Fosil
Hypothese	Hipoteza
Klima	Klima
Labor	Laboratorij
Methode	Metoda
Mineralien	Minerali
Moleküle	Molekule
Natur	Priroda
Organismus	Organizam
Partikel	Čestice
Pflanzen	Bilje
Physik	Fizika
Schwerkraft	Gravitacija
Tatsache	Činjenica
Wissenschaftler	Znanstvenik

Wissenschaftliche Disziplinen
Znanstvene Discipline

Anatomie	Anatomija
Archäologie	Arheologija
Astronomie	Astronomija
Biochemie	Biokemija
Biologie	Biologija
Botanik	Botanika
Chemie	Kemija
Geologie	Geologija
Immunologie	Imunologija
Kinesiologie	Kineziologija
Linguistik	Lingvistika
Mechanik	Mehanika
Mineralogie	Mineralogija
Neurologie	Neurologija
Ökologie	Ekologija
Physiologie	Fiziologija
Psychologie	Psihologija
Soziologie	Sociologija
Thermodynamik	Termodinamika
Zoologie	Zoologija

Zirkus
Cirkus

Affe	Majmun
Akrobat	Akrobat
Clown	Klaun
Elefant	Slon
Fahrkarte	Ulaznica
Jongleur	Žongler
Kostüm	Kostim
Löwe	Lav
Magie	Magija
Musik	Glazba
Parade	Parada
Spektakulär	Spektakularan
Tiere	Životinje
Tiger	Tigar
Trick	Trik
Unterhalten	Zabavljati
Zauberer	Čarobnjak
Zeigen	Pokazati
Zelt	Šator
Zuschauer	Gledatelj

Zahlen
Brojevi

Acht	Osam
Achtzehn	Osamnaest
Dezimal	Decimala
Drei	Tri
Dreizehn	Trinaest
Fünf	Pet
Fünfzehn	Petnaest
Neun	Devet
Neunzehn	Devetnaest
Null	Nula
Sechs	Šest
Sechzehn	Šesnaest
Sieben	Sedam
Siebzehn	Sedamnaest
Vier	Četiri
Vierzehn	Četrnaest
Zehn	Deset
Zwanzig	Dvadeset
Zwei	Dva
Zwölf	Dvanaest

Zeit
Vrijeme

Früh	Rano
Gestern	Jučer
Heute	Danas
Jahr	Godina
Jahrhundert	Stoljeće
Jahrzehnt	Desetljeće
Jährlich	Godišnji
Jetzt	Sada
Kalender	Kalendar
Minute	Minuta
Mittag	Podne
Monat	Mjesec
Morgen	Jutro
Nach	Nakon
Nacht	Noć
Tag	Dan
Uhr	Sat
Vor	Prije
Woche	Tjedan
Zukunft	Budućnost

Gratuliere

Sie haben es geschafft !!

Wir hoffen, dass euch dieses Buch genauso viel Spaß gemacht hat wie uns dessen Herstellung. Wir tun unser Bestes, um qualitativ hochwertige Spiele zu erfinden. Diese Rätsel sind auf eine clevere Art und Weise entworfen, damit sie aktiv lernen und daran Vergnügen finden.

Hat ihnen das Buch gefallen ?

Eine einfache Bitte

Unsere Bücher existieren dank der Rezensionen, die sie veröffentlichen. Können sie uns helfen indem sie jetzt eine Meinung hinterlassen ?

Hier ist ein kurzer Link, der Sie zu ihrer Bewertungsseite führt

BestBooksActivity.com/Rezension50

MONSTER HERAUSFÖRDERUNGEN !

Herausförderung 1

Bereit für ihr Bonusspiel? Wir verwenden sie ständig, aber sle sind nicht einfach zu finden. Es sind die **Synonyme** !

Notieren sie 5 Wörter, die sie in den untenstehenden Rätseln (Nummer 21, 36 und 76) entdeckt haben und versuchen sie für jedes Wort 2 Synonyme zu finden .

*Notieren sie 5 Wörter aus **Rätsel 21***

Wörter	Synonym 1	Synonym 2

*Notieren sie 5 Wörter aus **Rätsel 36***

Wörter	Synonym 1	Synonym 2

*Notieren sie 5 Wörter aus **Rätsel 76***

Wörter	Synonym 1	Synonym 2

Herausförderung 2

Jetzt, wo sie warm sind, notieren sie 5 Wörter, die sie in jedem der untenaufgeführten Rätseln entdeckt haben (Nummer 9, 17 und 25) und versuchen sie für jedes Wort 2 Antonyme zu finden. Wie viele davon können sie binnen 20 Minuten finden ?

*Notieren sie 5 Wörter aus **Rätsel 9***

Wörter	Antonym 1	Antonym 2

*Notieren sie 5 Wörter aus **Rätsel 17***

Wörter	Antonym 1	Antonym 2

*Notieren sie 5 Wörter aus **Rätsel 25***

Wörter	Antonym 1	Antonym 2

Herausförderung 3

Wunderbar, diese Monster Herausförderung  wird kein Problem für sie sein !

Bereit für die letzte Herausförderung? Wählen sie ihre 10 Lieblingswörter aus, die sie in einem Rätsel entdeckt haben und notieren sie sie unten.

1.	6.
2.	7.
3.	8.
4.	9.
5.	10.

Die Aufgabe besteht nun darin mit diesen Wörtern und in maximal sechs Sätzen einen Text herzustellen über eine Person, ein Tier oder ein Ort den sie lieben !

Tipp : sie können die letzten leeren Seiten dieses Buches als Entwurf verwenden

Ihr Schreiben :

NOTIZBUCH :

AUF BALDIGES WIEDERSEHEN !

Linguas Classics

www.ingramcontent.com/pod-product-compliance
Lightning Source LLC
Chambersburg PA
CBHW081710120626
46550CB00010B/3079
9798896700623